SALOMÉ DECAPITADA

D1705787

TEXTO Y TEORÍA : TEORÍA LITERARIA

32

DIRECTORAS

IRIS M. ZAVALA Y LUZ RODRÍGUEZ-CARRANZA

SALOMÉ DECAPITADA

Delmira Agustini y la estética finisecular de la fragmentación

TINA ESCAJA

AMSTERDAM - NEW YORK, NY 2001

The paper on which this book is printed meets the requirements of
'ISO 9706: 1994, Information and documentation - Paper for documents -
Requirements for permanence'.

ISBN: 90-420-1346-X
Editions Rodopi B.V., Amsterdam - New York, NY 2001
Printed in The Netherlands

A mis hijas
Álex y Vera

PREFACIO

Cuando empecé a interesarme por la poesía de Delmira Agustini, hacia finales de los años 80, apenas podían encontrarse estudios sobre la autora uruguaya. Su obra poética no se abordaba en los trabajos sobre el modernismo, aparecía raramente antologada en las compilaciones poéticas, y con frecuencia el comentario a su trayectoria personal y lírica se limitaba a una esquela biográfica que incidía en las circunstancias trágicas de su muerte. Delmira Agustini se presentaba para el estudioso del modernismo como un figura marginal, prácticamente inexistente, un apéndice del movimiento cuyo valor se implicaba inferior a los "grandes" autores que merecían el interés y el estudio. Ni la Universidad de Barcelona, donde me licencié, ni la Universidad de Pennsylvania, donde realicé mis estudios de doctorado, incorporaban a Delmira Agustini a su programa académico, como probablemente no lo hacían la mayoría de instituciones del saber, celosas preservadoras del canon tradicional literario.

Sin embargo, desde mi primera incursión en los estudios del modernismo me resistí a aceptar que el gran movimiento literario de Latinoamérica careciera de voces de mujer. Para mi sorpresa descubrí numerosas poetas que escribieron durante el periodo modernista, autoras desestimadas enteramente por el canon poético, y cuya lista sigue aumentando a medida que avanzan mis investigaciones. Entre las autoras a las que pude acceder me deslumbró en particular la figura extraordinaria de Delmira Agustini.

De esta revelación participaron otros investigadores que han dado a la obra de Agustini un extraordinario ímpetu en los últimos años, favoreciendo la publicación de numerosos trabajos sobre la gran poeta. De hecho, se puede afirmar que en nuestros días la figura de Delmira Agustini es ampliamente conocida y apreciada en el ámbito académico fuera del Uruguay, país en el que siempre se mantuvo la admiración e interés por la obra de Agustini. Debo constatar asimismo que la Universidad de Pennsylvania ha incluido en los últimos años la obra de Agustini como lectura requerida para sus estudiantes de doctorado.

Mi interés por la obra de Delmira Agustini ha producido una serie de trabajos que fueron presentados en conferencias y publicados en revistas especializadas como *Bulletin of Hispanic Studies*, *Estudios*, y en las Actas de XXX Congreso del IILI editadas por la *Revista Iberoamericana*. Quiero agradecer a las citadas revistas el permiso de reproducir parte de esos textos en el presente volumen monográfico.

También agradecer a Irene Mizrahi su apoyo e iluminación sobre el manuscrito. A Iris Zavala por sus valiosos comentarios. A mi compañero, Uwe Heiss, por su paciencia en este largo proyecto delmiriano. Y también al profesor Peter G. Earle gracias al cual tuve la oportunidad de aventurarme en este extraordinario viaje por el talento visionario de Delmira Agustini.

ÍNDICE

INTRODUCCIÓN

INVENCIÓN DE UNA PERIFERIA:

Autoras modernistas y la inscripción del canon moderno

> *Como a un muñeco destripé tu vientre*
> *y examiné sus ruedas engañosas*
> *y muy envuelta en sus poleas de oro*
> *hallé una trampa que decía: sexo.*
> Alfonsina Storni, "A Eros" (359)

El modernismo hispanoamericano se considera el primer gran movimiento de emancipación y renovación estética que emerge en Latinoamérica, movimiento que se desarrolla hacia finales del siglo XIX y continúa vigente hasta las primeras décadas del nuevo siglo.[1] El surgimiento del modernismo sintonizó con la crisis de valores que inaugura la modernidad en occidente,[2] si bien la tal "crisis" fue replanteada en sus propios términos por la percepción hispanoamericana.[3] Entre los aspectos que han venido a definir la corriente modernista se encuentran los siguientes: el arraigo de un sentimiento espiritualista, idealista, y también

---

[1]   La concepción del modernismo como proyecto americanista, universal y emancipado puede rastrearse en la "metahistoria" que del movimiento apunta Alfonso García Morales.

[2]   La vinculación entre el modernismo y la modernidad fue tempranamente destacada por Federico de Onís y Juan Ramón Jiménez, y refrendada por autores posteriores como Ivan A. Schulman y Saúl Yurkievich. Entre las reconsideraciones más recientes se encuentran los trabajos de Iris Zavala (Colonialism), y Cathy L. Jrade.

[3]   Iris Zavala utiliza al respecto la imagen del "ojo anatrópico" ("anatropic eye") que afecta al observador moderno colonial y postcolonial (Colonialism 1-2). Según Zavala, esta percepción invierte los valores que han servido al discurso dominante y permite reconstruir la nueva realidad que se presenta en el complejo momento sociohistórico de finales del XIX en Latinoamérica.

político de reacción contra el materialismo y la mediocridad burguesa;[4] el gusto por la otredad en sus variantes de erotismo, exotismo, extranjerismo; cierta meditación existencial vinculada a la pérdida de la fe tanto religiosa -en su vertiente institucional- como científica; un afán formalista de renovación y realce del lenguaje como reacción también al realismo y naturalismo precedentes.[5]

En esta amplia y sincrética propuesta la mujer no tiene cabida más que como objeto decorativo y fetiche del ideario espiritual, político y estético del modernismo. Como afirma Peter G. Earle a propósito del fetichismo modernista, la mujer constituyó en la imaginación finisecular a la que se mantuvo estrechamente vinculado el modernismo, "a magic element of the atmosphere; they had greater significance as objects - nineteenth-century art objects- than as subjects" (Female 194). La voluntad de renovación de los modernistas, voluntad exaltada por el carácter genuino y emancipatorio del movimiento, no consideró sin embargo la emancipación social e intelectual de la mujer cuya aportación al programa libertario y modernista llegó a desatenderse hasta el punto de desaparecer muchas veces de sus anales tanto históricos como literarios.

En este sentido, el movimiento modernista en Hispanoamérica parece caracterizarse por la ausencia de nombres de mujer entre su nutrida lista de escritores. Sidonia Carmen Rosenbaum, en su temprana aproximación a la literatura moderna hispanoamericana escrita por mujeres, asegura que "during Modernismo . . . there was not a single woman among the many great poets who then appeared" (41). Por su parte, Pedro Henríquez Ureña afirma que "las mujeres estuvieron ausentes del copioso movimiento literario de las dos últimas décadas del siglo anterior" (190). Las razones que apuntan ambos críticos complementan la

---

[4]   La crítica contemporánea ha desmentido la clásica percepción del modernismo como movimiento principalmente escapista y apolítico. Gerard Aching incide en la consciencia modernista de participar y construir su momento histórico postcolonial mediante recursos como el embellecimiento del lenguaje. "Embellishment constitutes an engagement," afirma Aching a propósito del programa modernista (3).

[5]   El interés por el modernismo hispanoamericano sigue engrosando la extensa bibliografía sobre el tema. Sin embargo, el debate contemporáneo mantiene un énfasis sobre aspectos vinculados a la definición del movimiento, dentro de una dinámica estrictamente canónica, sobre conceptos de género que revitalizarían dramáticamente nuestras percepciones sobre el movimiento. Como referencia general que ofrece diversas perspectivas sobre el modernismo resulta útil la conocida compilación de Ivan A. Schulman (Asedios), y la serie más reciente de lecturas y encuestas sobre el movimiento editada por Richard Cardwell y Bernard McGuirk.

supuesta falta de creatividad en la mujer (Rosenbaum) con la "impersonalidad" del movimiento modernista (Henríquez Ureña). Con mayor perspicacia, críticos como Fernando Alegría han documentado y denunciado la ausencia de nombres de mujer en la "historia oficial" del modernismo, ausencia que Alegría atribuye a razones de machismo y no a una carencia verdadera de escritoras.

De hecho, los comentarios de la época aluden con frecuencia a la ola de "poetisas" que escriben en el período. A propósito de "La mujer española," Rubén Darío comenta en marzo de 1900 lo siguiente:

> En este siglo las literatas y poetisas han sido un ejército . . . .Entre todo el inútil y espeso follaje, los grandes árboles se levantan: la Coronado, la Pardo-Bazán, Concepción Arenal. Estas dos últimas, particularmente, cerebros viriles, honran a su patria. En cuanto a la mayoría innumerable de Corinas cursis y Safos de hojaldre, entran a formar parte de la abominable *sisterhood* internacional a que tanto ha contribuido la Gran Bretaña con sus miles de *authoresse* [sic] (326).

En un ensayo posterior que titula "¡Estas mujeres!," el mismo autor contrasta con ironía la actitud de las sufragistas inglesas (a las que acusa de "marivaronas -suavicemos la palabra-," "feas" y "dignas de escarmiento" (35)), con otras actitudes de reivindicación femenina que considera más admisibles: "Las pintoras de la legión y las novelistas y poetisas ya no pueden contarse. Se dedican a esos sports como a cualquier otro, y hay musas muy recomendables" (35).

Otros ejemplos de alusión a la fertilidad de la escritura de mujeres en el período finisecular, o en los años inmediatamente posteriores, se rastrea en algunos de los comentarios a la obra de Delmira Agustini. [6] Pérez y Curis destaca a Delmira como "elegida que florece en nuestro ambiente como una orquídea en un vasto jardín inundado de rosas" (Agustini, PC 152). En la misma fuente, Guillermo Lavado Isava destaca a

---

[6]   Las referencias a la obra de Delmira Agustini que utilizaré a lo largo del libro corresponden a la edición de Manuel Alvar de las *Poesías Completas* de la autora uruguaya, edición que sigue el criterio de publicar las obras de la autora anteriores a su muerte en 1914. Me referiré al citado volumen utilizando las siguientes abreviaturas: *El libro blanco* (LB), *Cantos de la mañana* (CM), *Los cálices vacíos* (CV para la obra general, o "CV" en alusiones específicas al grupo de poemas del mismo título que integra el volumen CV), y *Poesías Completas* (PC). Las referencias al libro póstumo de Delmira Agustini, *El rosario de Eros* (RE), provienen de la edición de Magdalena García Pinto. A lo largo del trabajo iré repitiendo las abreviaturas mencionadas a fin de facilitar la lectura.

la autora como "el más prodigioso temperamento femenino de los actuales tiempos" (247).

Como puede advertirse en las citas apuntadas, con frecuencia las alusiones a las poetas se establecen con el propósito de destacar unas pocas voces de mujer sobre el resto de escritoras de su tiempo. Los méritos de las elegidas se solían privilegiar en función de cualidades tradicionalmente atribuidas al hombre, como la virilidad, la racionalidad o el afán intelectual. Paradójicamente, esas mismas cualidades eran duramente reprimidas en las damas del diecinueve finisecular y principios del siglo XX.

Entre las autoras que en su momento fueron admitidas por la crítica oficial del modernismo se encuentran María Eugenia Vaz Ferreira (Uruguay, 1875-1920), María Enriqueta (México, 1872-1968) y Juana Borrero (Cuba, 1877-1896). El principal grupo posterior, integrado por Delmira Agustini (Uruguay, 1886-1914), Alfonsina Storni (Argentina, 1892-1938), Juana de Ibarbourou (Uruguay, 1895-1979) y la Premio Nobel Gabriela Mistral (Chile, 1889-1957), ha sido mayoritariamente clasificado como grupo aparte, a modo de "apéndice" del movimiento modernista,[7] esto es, aparecen en la sección "postmodernista" y, con frecuencia, en un subgrupo de escritura comúnmente adjetivado como "femenina."[8]

La indicación de escritura "femenina" y "postmodernista" señala una complementariedad o dependencia respecto al canon que implica tanto la escritura "masculina" como la categoría literaria "modernismo." En ambos casos, la posición de estas autoras se advierte como variante respecto a un centro literario sobre el que gravita tanto la crítica como las

---

[7]   "la mayor parte de la crítica hispanoamericana . . . analiza la poesía femenina del primer cuarto de siglo como una especie de apéndice del Modernismo y, aludiendo a un período posterior, como un balbuceo de acercamiento al creacionismo, ultraísmo o surrealismo" (Alegría 30). Según Fernando Alegría, las poetas de la época tienen un lenguaje propio, "que no es ni el lenguaje de los modernistas ni tampoco el de la Vanguardia" (30), es decir, constituyen un espacio personal "al margen del Modernismo y la Vanguardia" (31).

[8]   Hugo Achugar anota variantes de clasificación por parte de la crítica oficial respecto a la literatura escrita por mujeres durante el período modernista. Todas las clasificaciones apuntan hacia el carácter marginal de la literatura de mujer en relación con "la praxis modernista canónica" (15). Indicaciones como "poesía femenina," "reacción postmodernista," "figuras independientes" (17) reflejan, en criterio de Achugar, la "absolutización" de unos criterios que han convertido la perspectiva tradicional del movimiento modernista "en una especie de canon sagrado" (16).

valoraciones sociales y culturales. Esa perspectiva refleja el factor de "género," es decir, de lo considerado masculino y femenino, que se extiende a los conceptos de centro y de periferia.

En principio, como señala Elaine Showalter, "all speech is necessarily talk about gender, since in every language gender is a grammatical category, and the masculine is the linguistic norm" (Rise 1). Esto sucede en idiomas como el español en el que el género masculino viene atribuido principalmente al hombre, y aparece muchas veces sin marca gramatical y como categoría universal. Por su parte, el género femenino complementa al género masculino, se aplica a conceptos no universales y aparece indicado con una marca o sufijo (Showalter, Rise 1). De este modo, aplicando el modelo de Showalter a la literatura hispanoamericana, podemos calificar a Rubén Darío y a Delmira Agustini como "poetas" tanto en plural (universal) como referido a cada uno en singular, si bien el término "poeta" lo ha venido atribuyendo la Real Academia Española exclusivamente al hombre que escribe poesía, aplicando a la mujer una extensión del mismo término: "poetisa."[9] Lo contrario no parece viable o "serio," esto es, no podemos calificar a Rubén Darío de "poetisa" o "poetiso" sin connotar la burla o el escarnio.

La diferencia es importante para poder entender las relaciones de poder que existen como sustrato de la situación sociocultural que admitió o enmudeció voces de mujer, relaciones que pueden rastrearse en los despreciativos comentarios de Rubén Darío apuntados más arriba, un autor al que se considera el principal exponente y propagador del modernismo. Esta situación, en la que intervienen también consideraciones políticas, de clase y de raza, se complica en el ambiente de fin de siglo, un período que Elaine Showalter destaca como "a crisis in masculinity and an age of sexual anarchy" (Rise 9).[10] Si la afirmación de Showalter se reconoce menos acentuada en el contexto católico latinoamericano, en ese mismo y reducido espacio intervienen otras realidades a tener en cuenta, como la consolidación de fronteras geográficas, el desarrollo de sus ciudades, y el

---

[9] Peter G. Earle hace el siguiente comentario al respecto: "El Diccionario de la Real Academia nos ofrece el sustantivo *poeta* en un solo género. O se es poeta, con pantalones, o se es poetisa. Creo que es un hecho conocido en la historia literaria hispanoamericana que ser poetisa se ha considerado hasta ahora como estar limitada a competir en una liga atlética femenina" (Mistral 17-18).

[10] Véase también la obra de Elaine Showalter, *Sexual Anarchy. Gender and Culture at the Fin de Siècle* (New York: Viking Penguin, 1990).

auge americanista.[11]

En este contexto escriben las autoras mencionadas. En todas ellas, la percepción de la crítica suele supeditar la relevancia de sus escritos a las implicaciones convencionales de su sexo. De este modo, el autor no se limita en sus obras a presentar a la mujer como objeto sexual, sino que también lee e interpreta los textos de las escritoras de acuerdo con las mismas convenciones y fantasías. Tal distorsión, que no se produce en el análisis de la escritura masculina, se mantiene hasta nuestros días cuando se valora la obra literaria de las mujeres. A modo de ejemplo puede citarse el acercamiento del crítico Enrique Anderson Imbert, quien incide en el "organismo" de Delmira Agustini en su breve comentario a la obra de la autora: "Delmira Agustini fue así, como una orquídea húmeda y caliente" (2: 66). El mismo crítico no hace mención alguna a la biología del laureado Rubén Darío (1: 401-07).

Por el mismo criterio, la calidad erótica y espiritual en la obra de Rubén Darío y de Delmira Agustini ha sido interpretada de manera muy diferente. Si los comentarios al tratamiento del erotismo en la obra de Rubén insisten en elogiar los valores estilísticos y transcendentes de sus versos, el acercamiento al erotismo en la obra de Delmira dio lugar a personalizaciones como las manifestadas por Emir Rodríguez Monegal, quien califica a la autora de "pitonisa en celo" (8), "obsesa sexual" (9) y "Leda de fiebre" (53).

Por su parte, la mujer poeta y crítica reproduce muchas veces los mismos esquemas y convenciones. Esto puede deberse tanto a una estrategia de supervivencia, como a la interiorización de valores masculinos aceptados como norma, y también a la ausencia de una alternativa de expresión de la que participa la falta de una sólida tradición de escritura de mujer.

En primer lugar, las "autoras" no son consideradas como tales, es decir, como poetas susceptibles de "autoridad" literaria, sino más frecuentemente como "musas" que inspiran al poeta y artista, como pudo apreciarse en los comentarios arriba apuntados. Y recuérdese la afirmación de Rubén Darío respecto al papel que ejercen las musas clásicas: "Y la

---

[11] La construcción de las relaciones de poder entre un sujeto trascendente y un Otro devaluado participa de la distribución del binomio colonizador-colonizado. Esta importante asociación, que rastrea Nancy Hartsock en su relación hombre-mujer, se complica notoriamente en la construcción postcolonial del modernismo hispanoamericano. Abordaré esta relación en el capítulo inmediato.

primera ley, creador: crear. Bufe el eunuco. Cuando una musa te dé un hijo, queden las otras ocho encinta" (*Prosas Profanas* 170).

'"Amarilis' is the true precursor of all the Spanish American 'muses'," indica Sidonia Carmen Rosenbaum al iniciar su recorrido de poetas latinoamericanas (27). Julio Herrera y Reissig califica a Delmira Agustini de "Nueva Musa de América" (Agustini, PC 245). De la misma manera, la poeta Juanita Fernández, esto es, Juana de Ibarbourou, fue galardonada con la nominación de "Juana de América," lo cual subraya una triple relación de dependencia: respecto al padre (Fernández), al marido ("de Ibarbourou"), y al continente ("de América").

El grado de responsabilidad nacional contribuye a determinar y a construir los roles de los representantes de la nueva América. La publicación *El Telégrafo Marítimo*, como también lo hace el periódico *El Bien*, incide en los triunfos de Delmira Agustini que espera "sean cada día mayores para honor suyo y del país" (Agustini, PC 249). En el periódico *El Siglo* se concede a la misma autora *"par droit de conquéte* un puesto de preeminencia entre las culturas [sic] de la Gaya Ciencia Americana," y esto gracias a "un estilo completamente viril" (Agustini, PC 248-49). "Yo no encuentro entre las poetisas autóctonas de América una sola comparable a ella por su originalidad de buena cepa y por la arrogancia viril de sus cantos," afirma Pérez y Curis en su introducción a los *Cantos de la mañana* de Agustini (153). Parece evidente que el acceso al canon universalista requiere adjetivaciones masculinas, y es por ello que algunas autoras del período deciden utilizar seudónimos de hombre, como fue el caso de la mexicana María Enriqueta, quien se enmascaró bajo el exótico nombre de Iván Moszkowski. Junto al afán de legitimación artística que implica el uso de un seudónimo masculino, persiste la necesidad de escapar de la censura social que considera inapropiada para una mujer la labor de escribir.

No obstante, esa misma sociedad moralista y ociosa (a la que significativamente pertenecían las autoras que se constatan en el período modernista), admite un tipo de escritura de mujer que responde a los valores más típicamente "femeninos," es decir, acepta aquella literatura que refleja los aspectos atribuidos a la mujer "decente." Esta opción es asumida en su valor particular y secundario respecto a la norma universal del canon masculino. Según tal criterio, la poeta María Enriqueta es destacada por su "aspiración sencilla," implicando en la presunta sencillez la detención en los valores cotidianos y domésticos de una mujer entregada a su casa y a su marido (Rosenbaum 43). Juana de Ibarbourou es una mujer devota que escribe *Loores de Santa María* y otros textos religiosos, pero que también despliega un erotismo en sus primeras composiciones que los críticos compensan con prudentes calificaciones como la de "osadía casta" (Rosenbaum 231).

Otros apelativos que los intelectuales de la época (y aún los contemporáneos) atribuyen a las poetas reflejan una necesidad implícita de contener o dominar el territorio de los versos y de sus autoras. En otras palabras, la reacción masculina ante la producción de la mujer escritora parece compensar la extrañeza o posible "complejo de castración" literaria mediante el procedimiento de convertir las escritoras en textos, incorporándolas así al fetichismo típicamente modernista.

Los ejemplos de "textualización" o reducción de autoras a textos, son muchos. Juana Borrero es la "Virgen triste," según poema del mismo título escrito a la autora por su contemporáneo Julián del Casal. María Eugenia Vaz Ferreira es la "novia de la soledad" (Rosenbaum 49), y el supuesto potencial no culminado de sus escritos parece justificarlo Rosenbaum con la anotación de dos versos de Vasseur que sirven de epígrafe a su estudio: "Brasa de castidad fría de angustia, / Porque jamás supisteis ofrendaros" (49). José Martí dedica un poema a la escritora cubana Mercedes Matamoros (1858-1906). El poema de Martí fue escrito originalmente en un abanico, enfatizando así el carácter decorativo transferido a la autora:

> Como las plegarias, pura;
> como la cólera, altiva;
> como los sueños, triste;
> tú, la doncella garbosa. . .[12]

En la contención, principalmente sexual, parece ubicarse el arquetipo de la musa-escritora. Es por ello que la presentación erótica y marcadamente personal desconcertó a la crítica y a la sociedad de su tiempo, como desconcertaron las obras y las personalidades de Delmira Agustini y de Alfonsina Storni, según comentaré más adelante.

La culminación de las concesiones del canon a la literatura escrita

---

[12]   José Martí, "A Mercedes Matamoros," *Obras completas*, (La Habana: Editora Nacional de Cuba, 1966) 186. Según indica nota al texto de Martí en la edición indicada, el poema apareció inicialmente "en un abanico, reproducido en *El Almendares*, 25 de mayo de 1882." La ubicación del texto de Martí se la debo a Aaron Stephenson.

por mujeres parece lograrse con el galardón en 1945 del Premio Nobel de Literatura a la chilena Gabriela Mistral. Paradójicamente, el codiciado galardón es el primero que se otorga en Latinoamérica, y es celebrado con cierta "sorpresa" por parte de la crítica. Como afirma Eliana Rivero, la presencia de Mistral "es anotada en algunos textos como hecho sorprendente, pero de carácter secundario" (13).

La poesía de Gabriela Mistral ha sido constantemente elogiada por su carácter universal y transcendente (Goic, Mistral 504). Entre los rasgos que suelen destacarse en la autora se encuentran la sencillez de sus versos, el elogio de la naturaleza y de la maternidad, la preocupación por niños y marginados, su actividad didáctica en su romantizada condición de maestra rural. Muchos de los aspectos destacados por la crítica sobre Gabriela Mistral insisten, por lo tanto, en valores clásicos considerados "femeninos" que desatienden la complejidad y disidencia de la figura y obra de la escritora chilena.

Esta perspectiva crítica sigue vigente, perpetuando el mito de la laureada autora. Especulaciones sobre la soledad de Mistral, sus ansias maternales, su presunta frustración sin hombre, continúan imponiéndose sobre el análisis poético y vienen repitiéndose sin cuestionar el fundamento conservador y (hetero)sexista de las mismas. A modo de ejemplo de manipulación canónica pueden anotarse dos recientes aproximaciones a la persona y obra de Gabriela Mistral aparecidas en prestigiosas editoriales hispánicas.

A propósito de la falta de compañero sentimental en la vida de Gabriela Mistral, Gladys Rodríguez Valdés apunta lo siguiente: ". . .Es frecuente que este anhelo de perfección anide en mujeres que en el más dentro no quieren hallar compañía y se limitan a una cercanía espiritual *a causa de problemas de personalidad no resueltos*" (13, énfasis mío). Y más adelante: "Condenada por sí misma a la soledad no compartió delicias con varón" (15). Por su parte, Hugo Montes Brunet en su reciente edición de una antología poética de Mistral (Madrid: Castalia, 1997), se dirige a la autora con el término "poetisa"; comenta la soledad, soltería y "ansiedades de maternidad" de Mistral (15); y enmarca la breve "Introducción biográfica y crítica" a la vida y la obra de Gabriela Mistral con personalidades masculinas de la historia y la literatura hispanoamericana: empieza con Don Alonso de Ercilla y Zúñiga (7), y termina haciendo un elogio a Rubén Darío en el penúltimo párrafo de su estudio (24).

Convenientemente, el canon histórico y literario sigue incidiendo en valores "seguros" y cómodos que erradican cualquier divergencia que cuestione la perspectiva convencional masculina. Ejemplo contemporáneo que culmina la postura falocéntrica del canon es la total ausencia de mujeres, tanto de estudiosas como de estudiadas, en el influyente tercer volumen de la *Historia y Crítica de la Literatura Hispanoamericana. Época contemporánea*, editado por Cedomil Goic en 1988. A pesar del extraordinario *boom* de autoras en la mayoría de países del mundo hispánico en las últimas décadas, y la presencia cada vez más dominante de mujeres en el ámbito universitario y crítico, los casi ochenta ensayos que integran un volumen que pretende informar y rastrear la literatura contemporánea hispanoamericana se dedican exclusivamente a hombres y están escritos por hombres.[13]

Una tercera opción de escritura de mujer se sitúa en el espacio localizado entre las acomodables etiquetas que atribuyen rasgos masculinos (universales) o femeninos (secundarios) a las escritoras del momento. Este nivel intermedio inquieta más a la crítica convencional por su posición inclasificable, esto es, no fácilmente susceptible de ser dominada o contenida en la reconstrucción de los textos y de sus autoras. A este espacio corresponde la escritura de Delmira Agustini y de Alfonsina Storni. En ambas poetas, la disidencia de sus obras puede rastrearse en las reacciones de la crítica.

Enrique Anderson Imbert incide en la estética negativa del feminismo de Storni, que adereza el crítico con especulaciones biográficas: "Con el rescoldo de su resentimiento contra el varón encendió su poesía pero también la dañó dejándole sobrantes de ceniza estética. . . . Se sentía mujer humillada, vencida, torturada; y, no obstante, con una pagana necesidad de amor" (2: 75). Alberto Zum Felde alude a la peculiaridad glandular de Delmira (Prólogo 29-30). Conocida es también la calificación de "milagro" que Carlos Vaz Ferreira expresa en referencia a *El libro blanco (Frágil)* de Delmira Agustini, y que la autora abrevia en un apéndice a la publicación de *Cantos de la mañana*:

> Si hubiera de apreciar con criterio relativo, teniendo en cuenta su edad, etc., diría que su libro es simplemente "un milagro"... No debería ser capaz, no precisamente de escribir, sino de "entender" su libro. Cómo ha llegado usted; sea a saber, sea a sentir lo que ha puesto en ciertas poesías suyas . . . es algo completamente inexplicable.   (Agustini, PC 187)

---

[13]   Una excepción: Ana María Barrenechea, quien escribe sus ensayos sobre Jorge Luis Borges y Julio Cortázar.

Cuando Delmira Agustini publicó en 1907 *El libro blanco (Frágil)*, motivo del comentario de Vaz Ferreira, la autora tenía la misma edad de Rubén Darío cuando éste publicó su elogiado e influyente *Azul...* en 1888. Junto a la edad de la autora, que efectivamente era temprana en algunas de las composiciones de *El libro blanco (Frágil)*, intervienen otros factores implícitos en el "etc." de la transcripción del texto de Vaz Ferreira. A los mismos se refiere Rodríguez Monegal: "el ambiente en que ha vivido" Delmira Agustini, y "su sexo" (38).

Las variantes de género, de clase y los condicionamientos sociohistóricos determinan tanto la creación de los textos literarios como la publicación y recepción de los mismos. Nuestras autoras escriben en un contexto de imposiciones que margina y limita dramáticamente su producción. Un recurso frecuente que utilizan para autolegitimarse en el modernismo, un contexto que centra gran parte de su estética y de su política en el cuerpo fetichizado de la mujer, es el recurso de la autoduplicación y la estrategia de multiplicar los discursos de poder disponibles, tanto sociales como literarios. Esto supone un serio conflicto puesto que, como afirma Sylvia Molloy, "women cannot be, at the same time, inert textual objects and active authors. Within the ideological boundaries of turn-of-the century literature, woman cannot write woman" (Female 109). Y en cierta medida, esa peculiar situación bitextual, y a menudo politextual, contribuyó a los dramáticos destinos de muchas de ellas.

María Eugenia Vaz Ferreira murió demente sin haber publicado su único libro, *La isla de los cánticos*. Juana Borrero cumple el pronóstico anticipado por Julián del Casal en los últimos versos de su poema "Virgen triste" al morir enferma a los 18 años en el exilio estadounidense a que estaba sometida su familia. Delmira Agustini es asesinada por su ex-marido en el último de sus encuentros clandestinos, en 1914, antes de cumplir los veintiocho años. Alfonsina Storni se suicida ahogándose en Mar del Plata en 1938. Ese mismo año Storni había publicado un poema en que destripa a Eros, el Eros elogiado por los modernistas y venerado por Delmira Agustini.[14]

Las obras que componen las poetas hispanoamericanas en las últimas décadas del siglo XIX y en las primeras del XX no constituyen una escritura al margen sino una literatura escrita desde el centro de sí mismas,

---

[14]   Véase el epígrafe a este estudio.

desde el corazón del modernismo, del postmodernismo y de la vanguardia. La variante de género existe como categoría de análisis que permite apreciar tanto las relaciones y lecturas de mujer y de hombre como las interacciones con otros condicionamientos como los de clase y raza. Desde tal perspectiva múltiple deben aproximarse nuestras interpretaciones, y por lo mismo denunciar los acercamientos convencionales que han distorsionado o enmudecido, como siguen distorsionando y enmudeciendo, la riqueza aportada por la mujer a las letras hispánicas. El deseo de ser, de autolegitimación tanto personal como artística constituye el afán de todas ellas, la voluntad de insertarse y redefinir por derecho y con voz propia el canon de la modernidad.

EL CASO DE DELMIRA AGUSTINI

Delmira Agustini nació en Montevideo, Uruguay, en 1886, en el seno de una familia de clase burguesa acomodada. Desde muy joven empieza a escribir y publicar poemas en las revistas de la época, además de encargarse de una sección de sociales en la revista *La Alborada* que desempeña bajo un seudónimo a la moda, "Joujou." Muy pronto Agustini empezó a atraer la atención de los intelectuales del momento, quienes destacaban en su sorpresa las cualidades físicas de la joven sobre las estrictamente poéticas. Este mecanismo de textualización, es decir, de conversión de la mujer escritora en conveniente objeto literario, permaneció a lo largo de la vertiginosa carrera de Agustini, manteniéndose incluso después de su trágica muerte.

En 1907 Delmira Agustini publica su primer libro de poemas, *El libro blanco (Frágil)*, causando una recepción inmediata y entusiasta en amigos e intelectuales del momento. Tres años más tarde, la autora publica *Cantos de la mañana*, incorporando al final del volumen una selección de comentarios sobre su primer libro. La incidencia en las cualidades virginales e inspiradoras de la escritora seguían vigentes, una imagen que la propia Agustini asume y cultiva en consonancia con la retórica al uso y el limitado y estricto papel impuesto a la mujer en el período. El mito de la duplicidad de Delmira Agustini empieza a cimentarse. Por una parte, "la Nena", como la llamaban en el ambiente privado, responde a los esquemas de la pacata sociedad del momento. Por otra, la escritora empieza a formular una poesía que va intensificando los rasgos sexuales. La recepción de la crítica empezó entonces a desviar las calificaciones de "ángel virginal" atribuidas a Agustini a aquellas menos condescendientes que la tildaban de "desmelenada mujer" y, más tarde, de "ninfomaníaca del verso" (9) y "Leda de fiebre" (53), según atribuciones de Emir Rodríguez Monegal. Otra opción frecuente de la crítica ha sido la de invisibilizar o enmascarar el torrente sexual de los textos de Agustini, una sexualidad que se pretendía inexistente entre las damas del período.

En 1913 Delmira Agustini contrae matrimonio con Enrique Job Reyes, rematador de oficio, individuo ajeno por completo al ambiente intelectual. El evento es refrendado por los varones del modernismo que asisten a la boda, entre ellos Carlos Vaz Ferreira, Juan Zorrilla de San Martín, y Manuel Ugarte, con quien Agustini había mantenido un intenso romance epistolar. A las pocas semanas, Delmira solicita el divorcio, amparada por la reciente e innovadora ley propuesta por el batllismo. Ese mismo año había aparecido su tercera compilación poética, *Los cálices vacíos*, en la cual Agustini anuncia un cambio estético que anticipa publicará bajo el título "Los astros del abismo." No logra su deseo porque en julio de 1914, en uno de los encuentros clandestinos que mantenía con Enrique Job Reyes, éste la asesinó suicidándose después. Diez años más tarde aparecerán las obras completas de la autora en las que se añade una compilación de poemas inéditos bajo el título *El rosario de Eros*.

Las aproximaciones críticas a la obra de Delmira Agustini han incidido con frecuencia en la especulación biográfica. Algunos críticos se han detenido en las peculiaridades de la familia Agustini que ciertamente permitieron las condiciones para que la autora pudiera escribir y hacerse pública en el sofocante ambiente del Uruguay finisecular. Con frecuencia se habla de la personalidad protectora y dominante de la madre; del puritanismo y rectitud de un padre que, sin embargo, transcribía pacientemente los versos cada vez más eróticos de su hija (Machado, Silva). Alejandro Cáceres insinúa un proyecto familiar de entrega exclusiva a la hija pródigo, que incluía prácticas anticonceptivas. Esta peculiar "lealtad solidaria" de la familia al talento de Agustini aparece también registrada por Magdalena García Pinto (16-17). Sylvia Molloy comenta el aniñamiento deliberado de Agustini que la poeta utiliza a modo de máscara conveniente y protectora (Cisne 57-63). La misma autora compara la lectura transgresora del mito de Leda y el cisne en la obra de Agustini con la lectura descolorida y distanciada de Rubén Darío y el modernismo (Cisne 63-69). Otros análisis feministas incluyen el estudio de Gwen Kirkpatrick, quien destaca el carácter experimental y subversivo del estilo de la autora uruguaya, un estilo que anticipa y continúa el movimiento vanguardista (Delmira).[15]

Sintonizando con el creciente interés por la obra de Delmira Agustini y las modernistas, en años recientes han ido apareciendo colecciones más completas y rigurosas de las poesías de la autora, como la edición de Magdalena García Pinto (1993) y la de Alejandro Cáceres (1999), así como estudios compilatorios que inciden en nuevas aproximaciones críticas (Cortazzo 1996; Escaja 2000). Con las citadas publicaciones se refrenda el valor de la obra de la autora uruguaya, contribuyendo a su incorporación al canon literario en el que Delmira Agustini destaca como una de las primeras y más extraordinarias voces de la modernidad latinoamericana.

SINOPSIS

El estudio que propongo a continuación se centra principalmente en el análisis de la obra de Delmira Agustini.

La vinculación de Agustini al ambiente modernista y de incidencia finisecular será explorado en los primeros dos capítulos desde una aproximación feminista al contexto en que escribe Delmira Agustini, y en el que ella misma se inscribe como objeto susceptible de textualización por el canon moderno y modernista. Los problemas que plantean los conceptos de modernismo y modernidad aplicados a la escritura ex-céntrica de Agustini serán explorados en esta sección, así como las implicaciones del discurso de la fragilidad en el ambiente de fin de siglo al que permaneció inserta Delmira Agustini.

El capítulo segundo introduce a su vez el análisis de la producción de Agustini, deteniéndose en su primer poemario, *El libro blanco (Frágil)*, en función de lo que denomino "discurso ofélico." La entidad ofélica se reconoce en la obra de Agustini en figuras como "la maga," "el hada," "la diosa," "la musa gris," quienes ejercen una doble función en la poética de

---

[15]   Entre los estudios más recientes que exploran diversas aproximaciones a Delmira Agustini y su tiempo se encuentra la compilación de ensayos editada por Tina Escaja (Delmira Agustini).

la autora. Por una parte, sintonizan con la visión de la época que sitúa a Ofelia en una posición intermedia entre polaridades esenciales: Eros y Tánatos; espíritu y materia. Por otra parte, la posición yacente de Ofelia, que en Agustini implícitamente se identifica con la posición de la hablante en el lecho, adquiere valor de trascendencia y clarividencia en sí misma, actitud que se reconoce con frecuencia en el escenario poético planteado por la autora. La capacidad engendradora y creadora de la visión ofélica ofrecida por Delmira Agustini en sus poemas subvierte, por lo tanto, y entre otros niveles de disidencia, el mito de la pasividad y de falta de control atribuido a Ofelia. Al mismo tiempo, la posición yacente del mito shakespeariano, sensualizado en las representaciones pictóricas finiseculares, propone una implicación sexual que será intensificada y literalizada en la obra inmediata de la autora uruguaya.

Los capítulos tercero al quinto analizan la producción *Los cálices vacíos*, integrada por una selección de LB, la reedición completa de CM, y por el grupo homónimo "Los cálices vacíos." La publicación conjunta de CV señala una voluntad de unidad por parte de la autora que en los grupos CM y "CV" se intensifica mediante el uso de imágenes que aluden a la fragmentación. El fragmento aparece en estas series en una doble vertiente metafórica. Por una parte, el fragmento del cuerpo del amado, al modo de la tradición literaria de origen petrarquista que reapropia Delmira, pretende aludir a la totalidad por sinécdoque. Por otra, las imágenes de contención o cáliz asociadas al fragmento expresan asimismo el deseo de unidad a que aspira la hablante de los textos de Agustini.

La aproximación a estos textos vendrá articulada mediante lo que denomino "discurso órfico," por el cual se incide en valores de iniciación y desmembramiento que contrastan con las imágenes de la fragilidad que dominaban el "discurso ofélico" de la primera producción de Agustini. El mito de Orfeo aparece de forma implícita en esta sección de la poética de la autora en dos vertientes. Por una parte, atiende a su valor de rito iniciático que conecta con los misterios órficos, y por otra, cuestiona el episodio del desmembramiento del divino poeta por parte de las mujeres bacantes. La condición explícita de mujer del yo lírico revisa la aproximación órfica al adoptar alternativamente los niveles de fragmento del cuerpo, indicadores de la totalidad por sinécdoque (como la cabeza), y también de contención vaginal o cáliz, metáfora del deseo de totalidad (como las manos). El valor final de "autoconstrucción" por la imaginación creadora culmina en un poema como "Lo inefable," donde se subvierte el mito finisecular de Salomé.

El sexto y último capítulo analiza los poemas de Delmira Agustini publicados póstumamente bajo el título *El rosario de Eros*. Las imágenes de animalización y deseo presentes en RE intensifican las presentaciones previas que habían culminado en la revisión del mito del cisne. La revisión iconoclasta del cisne modernista se produce en la estética de Delmira Agustini en su doble vertiente de inscripción del Ideal y de interacción alegórica con Leda. Entre las correcciones que plantea el yo lírico de Agustini respecto a la lectura tradicional del cisne se encuentra la implicación directa de la hablante en vez de la tradicional posición distanciada y voyeurista propia de Rubén Darío y los modernistas. El acto anunciatorio y "enunciatorio" del intercambio entre lo divino (Zeus-Cisne/Dios) y lo humano (Leda-mujer/Virgen) implica la subversión última de incorporar el deseo y la voz de la mujer al discurso unilateral y masculino de la tradición dominante. La revisión del canon modernista responde, finalmente, a un deseo de autoconstrucción artística que legitime a Delmira como autora y como mujer en las postrimerías de la modernidad.

En definitiva, la obra de Delmira Agustini se desarrolla en el período dominado por el movimiento modernista y su vinculación al imaginario finisecular. El necesario cuestionamiento y corrección de muchos de los valores del modernismo se extiende al cuestionamiento de una tradición literaria que limita la producción de la mujer. La lucha contra las imposiciones, desde las mismas imposiciones, refleja, en última instancia, la dialéctica del deseo que informa los escritos de Delmira Agustini y de las autoras que escriben durante el amplio y complejo período de la modernidad en Latinoamérica.

I

MODERNISMO/(POST)MODERNIDAD:

La estética ex-céntrica de Agustini

Aprended a adorarla. Es muy joven.
Madame Pompadour[1]

    Incluida en el brillante grupo de intelectuales bautizado por Alberto Zum Felde como "la generación del Novecientos," Delmira Agustini transcribe en su poesía la complejidad de un período en el que las propuestas más liberales y decadentes convivían con un conservadurismo a ultranza que extiende las contradicciones del diecinueve finisecular. Como afirma Zum Felde, "ninguna época, en efecto, más compleja, más sutil y más suntuosa en las formas todas de su cultura que esa del 'fin de siglo' XIX, cuyo imperio crepuscular se prolonga amortiguándose, dos décadas de nuestro siglo" (Generación 199). A este criterio me atengo cuando asocio Delmira Agustini al diecinueve finisecular, período de crisis y cuestionamiento que se ha venido vinculando a la emergencia de la modernidad en occidente y que, como indica Zum Felde, se extiende a los inicios del nuevo siglo.

    De hecho, el complejo fenómeno del "modernismo" hispánico, definido por Federico de Onís en 1934 como "la forma hispánica de la crisis universal de las letras y del espíritu que inicia hacia 1885 la disolución del siglo XIX. . . cuyo proceso continúa hoy" (xv), fue observado con cierta cautela al modo del concepto contemporáneo de la llamada "postmodernidad." Debo aclarar que en este estudio utilizaré los

---

[1] Los epígrafes firmados por "Madame Pompadour" que irán apareciendo a lo largo del libro, forman parte de una de las "Opiniones sobre la poetisa" que se publicaron al final de la primera edición de *Cantos de la mañana* (Agustini, PC 193-94). Madame Pompadour, única firma de mujer que aparece entre los juicios de intelectuales entusiastas, puede corresponder al seudónimo de un hombre que escribe para *El Diario Español*.

términos "modernidad" y "postmodernidad" como equivalentes de los términos en inglés respectivos: "modernity" y "postmodernity," conceptos que difieren de la corriente hispánica principalmente literaria denominada "modernismo," cuyo momento crepuscular fue conocido también como "postmodernismo." Asimismo, el "modernismo" hispanoamericano no debe ser confundido con el movimiento homónimo del Brasil por referir a un momento diverso de las letras brasileñas. La tendencia en Brasil equivalente al modernismo hispánico vino a denominarse "simbolismo."[2]

Delmira Agustini complica los postulados del modernismo y de la modernidad desde su condición de mujer inserta en un período de replanteamientos y reivindicaciones libertarias del que participan las propuestas feministas, propuestas que tuvieron limitada incidencia en el ámbito hispánico.[3] Los ideales libertarios y emancipadores en Hispanoamérica fueron monopolizados por un sistema patriarcal que mantuvo hacia la mujer las opresivas exigencias de la tradición, al tiempo que la transformaba en conveniente objeto de un postulado estético y político obsesionado con determinar la nueva identidad tanto nacional como cultural. La subjetividad de la mujer se mantuvo supeditada entonces a los valores libertarios anticoloniales que paradójicamente recreaban en la otredad femenina los principios de la opresión colonialista.

Como indica Nancy Hartsock a propósito de "la construcción del Otro colonizado" (33-38), y basándose en los criterios de Albert Memmi,[4] "el colonizado deja de ser sujeto de la historia y se transforma solamente en lo que no es el colonizador. Así, después de haber apartado al

---

[2] Para un rastreo de la evolución del término "modernismo" véase Schulman (Modernismo). Para un amplio análisis de la problemática modernidad/postmodernidad véase, entre otros, Matei Calinescu, en particular el último capítulo de su estudio: "On Posmodernism (1986)" 263-310.

[3] ". . . the feminist movement, which waxed strongest in countries of Nordic and Protestant tradition, never really took root in Spanish America. Its character there, as in Spain, has always seemed assumed and alien. For whereas in England, Germany, the United States, where Industrialism flourished, women, forced to leave the home, were more open and alert to ideas of 'liberation', and the 'woman question' reached the proportions of revolt, in the Latin countries the feminine cry for liberty was much fainter" (Rosenbaum 11). Y sin embargo, la lucha por los derechos de la mujer contó con importantes aportaciones hispánicas al feminismo finisecular en figuras como Concepción Arenal (1820-1893) y Emilia Pardo Bazán (1851-1921) en España, la dominicana Salomé Ureña de Henríquez (1850-1897), Adela Zamudio en Bolivia (1854-1964), y la argentina Juana Manuela Gorriti (1819-1892).

[4] Albert Memmi, *The Colonizer and the Colonized* (Boston: Beacon Press, 1967).

colonizado de la historia y de haberle prohibido el progreso, el colonizador afirma su inmovilidad fundamental" (35). Esta construcción del Otro como objeto diferente y devaluado que permite simultáneamente la trascendencia del sujeto que teoriza y define (Hartsock 36) se reconoce plenamente en las relaciones hombre-mujer, escritor-musa de la configuración modernista.

A fin de establecer un nuevo orden, una identidad propia en un contexto complejo de definir dada su condición polifónica, postcolonial, antiimperialista (Zavala, Colonialism), el intelectual latinoamericano instrumentaliza a la mujer y la adapta a unos valores que en definitiva perpetúan los principios totalizadores y alienantes de la Ilustración. Otras marginaciones se supeditarán a ese proyecto, un proyecto todavía vigente en Latinoamérica, entre las cuales se encuentran las diversidades indígenas y las clases campesinas y proletarias.[5]

Pero Delmira Agustini disiente, se resiste (voz ex-céntrica dentro de un discurso de resistencias) a ser articulada como mero objeto del programa político y estético de la modernidad y el modernismo. Su voluntad de individualidad supera en cualquier caso las nociones totalizadoras del período, particularmente en un contexto de modernidad problemática como lo era la sociedad montevideana/latinoamericana de su tiempo.[6] Es por ello que la sólida presencia de Agustini en las letras uruguayas complica e ilustra de algún modo la multiplicidad del fenómeno del modernismo en Hispanoamérica, complejidad que transcribe la autora a sus escritos.

---

[5]   En este sentido resultan significativas las apreciaciones de Octavio Paz a propósito de las "otredades" mexicanas. En su célebre ensayo "los hijos de la Malinche," el laureado autor afirma: "Los campesinos, remotos, ligeramente arcaicos en el vestir y el hablar, . . . encarnan lo oculto, lo escondido y que no se entrega sino difícilmente. . . . La mujer, otro de los seres que viven aparte, también es figura enigmática. Mejor dicho, es el Enigma. A semejanza del hombre de raza o nacionalidad extraña, incita y repele" (Laberinto 79). Y más tarde: "El obrero moderno carece de individualidad. . . es un trabajador, nombre abstracto, que no designa una tarea determinada, sino una función" (Laberinto 81). Todas estas apreciaciones mantienen la perspectiva unívoca del intelectual en el poder que reflexiona sobre la identidad de un nuevo y conflictivo sujeto postcolonial. Pero a la manera de Foucault, en la lectura de Hartscock (40), Paz mantiene una posición compleja y ambigua con respecto a las relaciones de poder: al tiempo que pretende explicarlas las suscribe y en último término las invisibiliza al formularlas desde su posición de privilegio.

[6]   Para una reflexión sobre los conflictos de la modernidad latinoamericana, véase la compilación de ensayos editada por Hermann Herlinghaus y Monika Walter.

Por una parte, Delmira Agustini participa de la confianza moderna en la capacidad demiúgica, engendradora, del Verbo. En este sentido, la autora articula su poética en función de lo que Jean François Lyotard, en su relectura de Kant, denomina "vocación por lo Sublime" (Postmodernidad 19) y que caracteriza al arte moderno. Según esto, el/la poeta se siente capaz de concebir lo absoluto, identificado en los textos de Agustini con el amante sobrehumano, pero al mismo tiempo se siente incapaz de representarlo. La confianza moderna en el lenguaje permite a Agustini aproximarse a ese Otro de forma "negativa," es decir, mediante la alusión, indirección y el silencio, utilizando recursos como la paradoja o la estrategia del sueño/ensueño.

En este sentido, Agustini se integra plenamente a la propuesta de la modernidad. No sólo la concepción estética de Agustini se articula en torno a la modernidad, sino que también incluye en su obra los planteamientos más específicos de la estilística modernista. Musas, cisnes y palacios; paisajes eróticos y espirituales; concepciones existenciales y esotéricas; idealismo, fetichismo, preocupación formal, son moneda corriente en su obra. Y sin embargo, la utilización de esas mismas imágenes y conceptos adquiere en el yo poético de mujer nuevos y sorprendentes significados que descentralizan las concepciones modernistas al tiempo que las registran en sus premisas liberadoras, revisionistas y estéticamente críticas.

La invención misma de un amante sobrehumano apunta a esa apropiación de la tradición moderna y modernista. Instaurada en sujeto de la creación, Delmira Agustini, al modo del intelectual moderno, construye a un Otro a partir del cual se trasciende a sí misma como entidad omnipotente y definidora. Esa premisa de la construcción del poder aparece entonces reapropiada por el sujeto definidor y teorizador, "moderno," de Agustini quien subordina a un Otro paradójicamente divino y trascendente. Al mismo tiempo, los términos utilizados para la reapropiación apelan muchas veces al cuerpo de la mujer y literalizan por lo mismo los conceptos abstractos de "concepción," "engendramiento," y capacidad "creadora." En este sentido, la estética de Agustini amplía lo que Cathy L. Jrade denomina "reto de la modernidad" ("challenge of modernity") propio del proyecto modernista (2) al legitimar el conocimiento en función no exclusivamente "racional" sino también vaginal, sexual, reproductiva.

Por otra parte, la inscripción de Agustini de un sujeto que, al tiempo que afirma la modernidad la desestabiliza al presentarse desde la voz marginada de la mujer, se formula en el filo mismo de la modernidad[7] e insinúa la inminencia postmoderna. Como iré argumentando a lo largo del libro, Delmira Agustini, si bien complica tales clasificaciones, podría considerarse postmoderna *avant-la-lettre* en su especificidad creativa y excéntrica; en su preferencia estética por la metonimia y la auto-reflexión; en la elaboración sobre el fragmento, arquetipo de la postmodernidad.[8]

Según esto, las peculiaridades de Delmira Agustini ubican a la autora en una especificidad que escapa a los planteamientos amplios y centralizadores de la modernidad. Esta problemática *ad hoc*, de joven escritora en el ambiente sofocante montevideano, un ambiente restringido también por los postulados fetichistas del modernismo, sintoniza con la pluralidad discursiva que Nancy Fraser y Linda Nicholson rescatan del proyecto postmoderno para el feminismo (26). Al mismo tiempo, la especificidad de Agustini apunta a la desviación de la autora con respecto a un canon moderno y modernista en el que paradójicamente Agustini basa su estética. Si por una parte, Delmira Agustini desea integrarse plenamente a los postulados literarios de su tiempo, por otra descentraliza esos mismos postulados al apropiarse del discurso poético, exclusivo del hombre, reelaborando imágenes y conceptos de la tradición para expresar una nueva y peculiar subjetividad. Incluso socialmente Agustini se mantiene fiel a las normas, a modo de "Nena" obediente a las convenciones burguesas, y al mismo tiempo las transgrede al presentarse como poeta, como divorciada, y finalmente como amante de su ex-marido. La expresión moderna y modernista de Delmira Agustini se formula entonces desde el margen del planteamiento canónico y normativo, desde una excentricidad tanto social como literaria que la poeta articula en estrategias consideradas asimismo postmodernas como la dislocación de expresiones, el uso de metonimias, y la retórica de la ruptura.

Gwen Kirkpatrick considera los recursos descentralizadores e innovadores de la estética de Agustini un anticipo de la experimentación vanguardista (Limits 389). Sin embargo, mientras la vanguardia rechaza y

---

[7] Nelson Osorio apunta esa ubicación paradójica del modernismo entre la inauguración de una período y la "clausura de una época" (19), en particular en la vertiente "crepuscular" del modernismo conocida también como "postmodernismo." A esta variante suele asociarse la poética de Agustini.
[8] Para una síntesis interpretativa de los rasgos y teorías asociadas a la postmodernidad, véase, entre otros, el estudio de Linda Hutcheon sobre el tema, en particular el primer capítulo: "Theorizing the Postmodern: Toward a Poetics" (3-21).

rompe con la tradición dentro de una modernidad confiada, la estética de Agustini trabaja desde el centro del movimiento, desconfía del mismo pero no lo rechaza. En este sentido Agustini anticipa la postmodernidad, en ese reto implícito a las nociones dominantes que la postmodernidad cuestiona, "but not deny," precisa Linda Hutcheon (6).

La incidencia en las imágenes de la fragmentación, que Lyotard asocia a la condición postmoderna (Postmodernidad 21), convive entonces en la estética de Agustini con un cuestionamiento de los "metarrelatos" que informan el canon de la modernidad.[9] Linda Hutcheon apunta esa necesidad postmoderna de repensar y reconstruir las formas y contenidos del pasado, "working within conventions in order to subvert them" (5). Entre las estrategias revisionistas y subversivas de la tradición moderna/modernista se encuentran en la obra de Agustini la personalización e implícita corrección de ciertos mitos como Salomé, Pigmalión, Leda y el Cisne, y en particular el mito de Orfeo, paradigma de la postmodernidad según la lectura de Ihab Hassan.

Por otra parte, la ambivalencia de la estética de Delmira Agustini ante los conceptos apuntados de modernidad/modernismo y también de postmodernidad, revela, en definitiva, la ineficacia de los mismos a la hora de definir la poética de las intelectuales latinoamericanas. En el caso específico de Agustini, resulta sintomática la evolución de su estética desde un discurso moderno que domina en particular su primer poemario, articulado en torno a imágenes de la fragilidad, a otro discurso irreverente, transgresor, que destaca en su obra más madura y personal, y que se presenta bajo el signo de la fragmentación. Será la apropiación de ese signo el elemento más concluyente de la autora, en su voluntad continua de unidad estética, pero también personal de afirmación y legitimación como intelectual mujer y poeta.

La imagen de "Salomé decapitada" funcionaría entonces como alegoría última que invierte violentamente la percepción del canon al tiempo que apunta a la estética de la fragmentación. De la misma participan los escritos de Delmira Agustini, pero también la propia autora involucrada en un planteamiento canónico que sistemáticamente desmembra el cuerpo de la mujer. Ese afán de desmembramiento y

---

[9] Para una explicación sobre la función de los metarrelatos ("métarécits") como legitimadores del conocimiento moderno, y su cuestionamiento en la postmodernidad, véase el estudio de Jean François Lyotard, *La Condition postmoderne* (Paris: Minuit, 1979).

silenciamiento de la mujer se remonta a la tradición petrarquista cuyo influyente modelo de mujer fragmentada, como evidencia Nancy Vickers, permite al poeta formular su propia voz y su sentido de unidad.[10] A propósito del tratamiento petrarquista del mito de Diana en la voz de Acteón, Vickers concluye: "his speech requires her silence. Similarly, he cannot allow her to dismember his body; instead he repeatedly, although reverently, scatters hers throughout his scattered rhymes" (279).

A través de la fragmentación de la mujer, el sujeto que desmembra (observador, colonizador, poeta) adquiere entidad unívoca y trascendente. Delmira Agustini amenaza con dis-locar la tradición y re-definir el canon (y con él la presunta univocidad del hombre) al presentarse a sí misma como sujeto trascendente y unívoco. Su redefinición del canon afecta a los conceptos de modernismo, postmodernismo, modernidad, desde un posicionamiento ex-céntrico que relativiza tales nociones.

El precio de su transgresión fue alto. De algún modo, la muerte violenta de Delmira Agustini, provocada por dos tiros en la cabeza efectuados por su ex-marido y amante, señala la incidencia final de la alegoría de la fragmentación, del deseo de apropiación y revisión del canon sagrado que simboliza la cabeza del Bautista.

DELMIRA AGUSTINI Y EL CONTEXTO MODERNISTA

Cuando en 1907 Delmira Agustini publica su primer volumen de poemas, *El libro blanco (Frágil)*, Rubén Darío había publicado su obra de mayor influencia modernista optando entonces por una atenuación de los rasgos del movimiento que vendrá a definirse en la terminología hispanoamericana como "postmodernismo." Dos años más tarde, en 1909, Filippo Tommaso Marinetti presenta el "Manifesto del Futurismo" que impulsará las vanguardias, y cuyas fórmulas más populares fueron la exaltación de la velocidad, la preferencia del automóvil a la Venus de Samotracia, la glorificación de la guerra, "y el desprecio a la mujer."[11]

---

[10] Como afirma Josette Féral, citada por Vickers (272), "woman remains the instrument by which man attains unity, and she pays for it at the price of her own dispersion." Josette Féral, "Antigone or The Irony of the Tribe," trad. Alice Jardine and Tom Gora, *Diacritics* 8 (Fall 1978): 7.

[11] "Un automobile ruggente, che sembra correre sulla mitraglia, è più bello della *Vittoria di Samotracia.* . . . Noi vogliamo glorificare la guerra -sola igiene del mondo- il

El credo literario modernista había sido definido por el poeta nicaragüense en términos decididamente masculinistas y sexuales: "Y la primera ley, creador: crear. Bufe el eunuco. Cuando una musa te dé un hijo, queden las otras ocho encinta" (Prosas 170). Poco antes afirmaba aludiendo a la inspiración carnal suscitada por Eva: "Varona inmortal, flor de mi costilla. Hombre soy" (169).

"That is a woman," determinará asimismo Rubén respecto a Delmira (CV 198). La frase, que invierte a propósito la formulación de Shakespeare, apareció en el "Pórtico" que Darío concede al tercer libro de Agustini, *Los cálices vacíos*, publicado en 1913, un año antes de la muerte violenta de la poeta. En el breve elogio, Rubén señala paralelismos con el misticismo de Santa Teresa, además de otras cualidades en la que considera "deliciosa musa" (CV 198).

Calificaciones de "ángel encarnado" (Medina Betancort, Agustini, PC 65), "Nueva Musa de América" (Herrera y Reissig, Agustini, PC 245), "joven diosa" (Zum Felde, Prólogo 27), eran habituales entre un paternalismo sorprendido ante el "problema" o "milagro" de Delmira: "No debería ser capaz," insiste Vaz Ferreira apelando directamente a Delmira, "no precisamente de escribir, sino de 'entender' su libro " (Agustini, PC 187). La "pitonisa" "gordita y cursi" que contrasta con ironía Emir Rodríguez Monegal (44), tenía entonces veintiún años, dieciséis cuando la "virgen rubia" se acercó por primera vez a la redacción de la revista *La Alborada* a entregar los manuscritos de sus primeros poemas "que pulió con sus manecitas de muñeca" y que "les" recitó a los presentes "con una entonación delicada, suave, de cristal, como si temiera romper la madeja fina de su canto, desenvuelta en la rueca de un papel delicado y quebradizo como su cuerpecito rosado, como el encaje de sus versos."[12]

La distorsión de la imagen de Delmira Agustini, -mujer en absoluto frágil tanto en su presencia física como intelectual,- en una época que privilegia el culto a la fragilidad y a la minusvalía en la mujer,[13] podría

---

militarismo, il patriottismo, il gesto distruttore dei libertarî, le belle idee per cui si muore e il disprezzo della donna." "Manifesto del Futurismo," *Fin de Siglo* 6-7 (1983): 11.

[12]   Las citas corresponden al artículo de Marzo de 1903 titulado "Una poetisa precoz" que apareció en la revista *La Alborada*. En él se presentó formalmente a Delmira Agustini. La referencia ha sido tomada de Sidonia Carmen Rosenbaum (65). Manuel Medina Betancort recrea el episodio en el "Prólogo" a LB (Agustini, PC 65-70).

[13]   Para un análisis del tema del invalidismo en la representación finisecular véase el primer capítulo del estudio de Bram Dijkstra, "Cult of Invalidism; Ophelia and Folly; Dead Ladies and the Fetish of Sleep" (25-63).

asociarse a una estrategia implícita del poder basada en el modo en que se representa a la misma. El análisis postestructuralista, afirma Whitney Chadwick, ha demostrado "that one way that patriarchal power is structured is through men's control over the power of seeing women" (11). De este modo, la mujer, al igual que la poeta o artista, censuradas estas últimas en términos de monstruosidad y de ridiculez,[14] deben hacerse texto, lienzo o verso para poder ser aceptadas; deben constituirse en el mito tradicional dicotómico de perversidad y pureza, mito acentuado en un período de crisis de valores que define tanto al modernismo como a la modernidad desde sus primeras formulaciones.

En un momento en que se pretende compensar el desengaño creado por el positivismo científico mediante el idealismo filosófico y la fascinación por lo oriental y lo esotérico, la mujer adquiere en la imaginación finisecular una posición de exotismo y sensualidad malvada, de objeto refinado en un mundo de objetos decorativos de ondulaciones orgánicas. No obstante, el *Art Nouveau* es un arte de voluptuosidades sin desnudos, afirma Lily Litvak (2). Frente al desbordamiento erótico que despliega la *Belle Epoque*, sustentado por los estudios sobre la sexualidad que atiborran las librerías y fomentan una proliferación de discursos sexuales que Foucault vincula a las relaciones de poder (Nead 6), permanece un puritanismo a ultranza que cultiva la minusvalía en la mujer al tiempo que le exige que ignore su cuerpo o, en términos radicalmente opuestos, que lo explote (Litvak 182). La sexualidad "no existe" en el limitado ambiente de una burguesía provinciana como la uruguaya del Novecientos, condicionando, según Emir Rodríguez Monegal, los destinos trágicos de aquellos que encarnan en sí mismos los ideales de ruptura, rebelión y poesía maldita propios del ideal decadente modernista.

Rodríguez Monegal ejemplifica tales destinos en la vida y obra de Delmira Agustini y del poeta coetáneo Roberto de las Carreras, representantes "malditos" del reducido ambiente uruguayo. Si en palabras del crítico, "el don Juan satánico," Roberto de las Carreras, murió trastornado, "la ninfomaníaca del verso," como define Rodríguez Monegal a Delmira Agustini (9), fue asesinada de dos tiros en la cabeza disparados por su ex-esposo en el último de sus encuentros clandestinos, en julio de 1914. Las consecuencias trágicas se extienden a otros representantes del

---

[14]   A modo de ejemplo pueden anotarse las afirmaciones de Renoir, citadas por Whitney Chadwick: "I consider women writers, lawyers, and politicians . . . as monsters and nothing but five-legged calves. . . . The woman artist is merely ridiculous" (215).

período, particularmente mujeres, como se indicó en la introducción.

La hipocresía finisecular no admite, por lo tanto, que los delgados límites en la variedad de discursos sean transgredidos, favoreciendo multiplicidades con frecuencia contradictorias, como parecía ser el caso de la personalidad y de la obra de Delmira Agustini. La supuesta "doble vida" de la poeta uruguaya resulta, por lo mismo, mucho más compleja de lo que se ha venido apuntando en los trabajos que se le han dedicado, y afecta igualmente a otras entidades del período. Parte del problema se rastrea en una biografía de la que se ha abusado con morbosidad en muchos de los acercamientos a la poesía de Agustini, como censura Nydia I. Renfrew (8). No obstante, resulta importante señalar los aspectos circunstanciales en una aproximación "ginocrítica" que permita analizar, entre otros, los elementos de ansiedad y de orfandad intelectual propios de las aspirantes a "autoridad" o "autoras" de finales del siglo XIX y principios del siglo XX.[15]

Los recursos de que se disponía entonces eran limitados y exigían un gran esfuerzo de creatividad en la mujer para que ésta pudiera alcanzar el grado de autorrepresentación necesaria con una iconografía que sólo la admitía como objeto, y como tal se silenciaba. Según el criterio de Sandra Gilbert y Susan Gubar en su aproximación a las autoras anglosajonas, la ansiedad que experimentan las escritoras de este período de exploración no es tanto la ansiedad masculina de influencia respecto a una tradición milenaria ("anxiety of influence"), sino que, por el contrario, se trata de una "ansiedad de autoría" ("anxiety of authorship").[16] En un paralelismo

---

[15] La propuesta teórica "ginocrítica" ("gynocritics") apareció formulada por vez primera en Elain Showalter, "Towards a Feminist Poetics," *The New Feminist Criticism* (Princeton: 1977) 3-36. El modelo de análisis ginocrítico propuesto por Showalter se basa en la experiencia de la mujer escritora y su interacción con un discurso intelectual de mujer: cuestionamiento del lenguaje, indagación en la historia individual y colectiva, estudios textuales, etc. Tal aproximación, frente al análisis "feminista" basado en la revisión de textos masculinos, permitiría, según criterio de Showalter, una metodología nueva en vez de readaptar los modelos y teorías del hombre.

[16] La metáfora que traduzco como "ansiedad de autoría" literaria revisa, en el estudio de Gilbert y Gubar, los postulados neofreudianos de Harold Bloom respecto a la "ansiedad de influencia" del artista. Según ambas autoras, las mujeres escritoras adolecen de una "ansiedad de autoría" ("anxiety of authorship") en vez de la tradicional "ansiedad de influencia" ("anxiety of influence") propia del artista hombre, concepto que alude, en criterio de Bloom, a "his fear that he is not his own creator and that the works of his predecessors, existing before and beyond him, assume essential priority over his own writings" (Gilbert y Gubar 46).

psicoanalítico, que revela el patriarcalismo literario, se ha observado con frecuencia el sentimiento "castrador" ante la influencia del predecesor-padre en los intentos creadores del autor masculino. Por el mismo criterio, la mujer se mantiene en una situación diferente que le impulsa a buscar en sus predecesoras la autoridad, a modo de solidaridad en vez de rechazo. Si el autor se enemista con la lectura de sus predecesores para sobrevivir, la autora, para conseguirlo, precisa enemistarse con la lectura que la ha definido hasta entonces y que la incapacita para la creación. La mujer autora, en definitiva, se vale de la "re-visión" para sobrevivir (Gilbert y Gubar 49).

El análisis feminista establecido por Sandra Gilbert y Susan Gubar al respecto señala el debilitamiento que supone tal esfuerzo en las nuevas autoras, debilitamiento que conecta con el culto a la fragilidad enfermiza de la sociedad vigente. La obligación de mantenerse dentro de las dicotomías implica, también en criterio de Showalter, un debilitamiento en la subjetividad de la mujer bajo las presiones sociosexuales de la época. La aspirante a autoridad literaria debía convivir con su propia interiorización de un sentimiento de inferioridad y desposesión lingüística y normativa. De este modo, la escritora tiende a manejar ambos discursos, o los multiplica en un intento de autodefinición que permita, en medio de continuas paradojas, legitimarla.

La variedad sociotextual de Delmira Agustini es un buen ejemplo de tal polivalencia. Permitida su voz gracias a los extraños pliegues de la polisemia burguesa, la escritora admite enmudecer para encarnar el papel de texto, de página en blanco susceptible de que las fantasías masculinas la escriban y describan de acuerdo con unos criterios que, en definitiva, la ignoran como "autora." Si Delmira se decide a hablar, los artífices del canon no la escuchan, con lo cual la devuelven a su estado "natural" de silencio, a una imposición sociocultural que ve en la artista mujer lo inapropiado y antinatural, o en todo caso destacan cualidades "femeninas" incorporadas a esa misma construcción.

Y sin embargo, Delmira Agustini llegó a ser aplaudida por sus coetáneos hasta el punto de ser admitida como parte integral de la prestigiosa "generación del 900" que en palabras de Zum Felde "habría de dar a las letras uruguayas nombres y obras de categoría superior a las logradas hasta entonces" (Generación 199). Este elogio no excluyó el desconcierto que la transgresión y originalidad de los textos de Agustini causó en su tiempo y que en último término suprimió a la autora del canon modernista. Como acertadamente afirma García Pinto en su comentario sobre la recepción de Agustini, lo cierto es que la autora uruguaya "desestabiliza el pensamiento crítico de sus contemporáneos" (37). Ese sentimiento desestabilizador, que llegó a afectar a los criterios del propio Zum Felde (García Pinto 36-37), se expresa en la anotada textualización y silenciamiento de que fue objeto la escritora uruguaya.

Los ejemplos de tratamiento asimétrico entre Agustini y sus compañeros de generación son muchos. Cuando Delmira Agustini hace intentos ingenuos de dialogar con sus colegas, bajo la máscara tentativa de la inferioridad y de la disculpa -"Perdón si le molesto una vez más," indica en una de sus cartas a Rubén Darío (Correspondencia 43),- la autora recibe consejos paternales y una desoladora incomprensión. La "eterna exaltación dolorosa" que confiesa Agustini a Darío es respondida por éste con un sucinto: "Tranquilidad. Tranquilidad" (Correspondencia 43). A la pregunta de Delmira ante la inercia del casamiento, al negarse ella a firmar el contrato matrimonial: "¿firmo o no firmo?," se responde con sorpresa y un paternalismo que resultará funesto para Agustini: "Ella duda, trepida, ciertamente, y el día de su matrimonio . . . rehusa firmar el acta que la va a ligar para toda la vida. ¡Escándalo! Todos la hacen razonar, insisten . . ."[17]

Pero Delmira se adapta a los mecanismos de un juego social y literario que ella misma emplea, si bien es consciente del fondo de soledad que implica: "Cantaré más porque me siento menos sola. El *mundo* me admira, dicen, pero no me acompaña" (Correspondencia 49). La poeta reacciona a los consejos paternalistas del que considera su "confesor," Rubén Darío, con un ripio al estilo modernista: "escúlpame sonriendo" (Correspondencia 46). "La Nena" se dirige durante años a su novio y futuro asesino, Enrique Job Reyes, con diminutivos de bebé: "Mi vida! yo tiero, yo tiero... y yo tiero una cabecita de mi Quique que *caba* men aquí adento" [figura dibujado un corazón]" (Correspondencia 28). En cuanto a la supuesta "vulgaridad" de su matrimonio (Silva 62), Delmira resuelve la separación casi inmediata.

De hecho, las imágenes que aparecen en las cartas de Delmira Agustini reflejan muchas de las metáforas de su poesía. La "textualización" de que era objeto la autora por la crítica de su tiempo se extiende, entonces, a su propia construcción del mito. Entre las imágenes más audaces destacan las que aluden a la decapitación, tópico finisecular

---

[17]   El testimonio es de André Giot de Badet, documentado por Silva (108). También Emir Rodríguez Monegal registra el suceso en el testimonio de Manuel Ugarte (64).

que Delmira subvierte al darle voz de mujer, y al que me referiré más adelante en este estudio. Las imágenes de la decapitación dieron lugar a un conocido comentario que hizo Miguel de Unamuno a Delmira: "¿Y esa extraña obsesión que tiene usted de tener entre las manos, unas veces la cabeza muerta del amado, otras la de Dios?" (Silva 155). El autor añade poco después: "Sí, una mujer no puede ofrecer a un hombre nada más grande que su destino" (Silva 166).

Bajo las limitadas opciones se mantienen, sin embargo, los posibles sentimientos de decepción, rechazo e intimidación. La realidad es que Delmira no dialogó con Rubén, por mucho que éste llamara a la "musa" su igual. La autora pareció cometer un error al casarse, quizás como resultado de una "duplicidad" que Clara Silva califica de "juego terrible" (36). En cierto modo, la tragedia fue que en el supuesto "juego" del matrimonio en que incurrió la autora, al final sólo intervenía ella misma y Enrique Job Reyes, quien ha sido considerado por la percepción machista -evidente en los periódicos sensacionalistas que registraron el suceso del asesinato de Agustini,- como "víctima" de Delmira. Finalmente, la Nena mantuvo las ruinas del mismo juego en los encuentros clandestinos con su ya ex-marido que garantizaban, de algún modo, cierta liberación sexual. "Hoy se soluciona todo," pareció anunciar feliz el día en que iba a ser asesinada... ¿Fue así? [18]

La vida y la muerte de Delmira Agustini impregnan una obra brillante cuyo carácter de "excepción" inquietó a la sociedad de la época porque demostró no sólo capacidades poética magistrales, sino también una sensualidad que se pretendía inexistente entre las damas atrofiadas por una educación represiva. El "milagro de Delmira" no lo constituyó tanto la indudable calidad y naturaleza de sus versos, como el hecho de que llegaran a publicarse y a admitirse con mayor o menor reserva. Los miedos

---

[18]   La vida y, particularmente, la muerte de Delmira Agustini dieron lugar a numerosas especulaciones, por lo general sensacionalistas, que contribuyeron a la construcción y pervivencia del mito. El material de que se dispone es amplio y podría servir para un estudio ginocrítico importante. Los "últimos días" de Delmira han sido documentados por el estudio de Clara Silva, quien tampoco escapa a la especulación y al sensacionalismo. Según opinión de Silva, Enrique Job Reyes, divorciado de Delmira tras mes y medio de matrimonio, "estaba enfermo de un agudo complejo de derrota y de inferioridad. . . . A Delmira, por su parte, sus familiares la notaban terriblemente nerviosa en aquellos últimos días. . . . Dicen también que había manifestado que ese día quedaría solucionado todo" (90). Por mi parte me aventuro a anotar una propuesta de acercamiento a la biografía de Agustini, no exenta de especulación, y que precisaría desarrollarse en un estudio biográfico más amplio.

del paternalismo vigente pretendieron compensarse con la construcción o textualización de la "musa," pero no impidió que la tal excepcionalidad invitara todavía al cuestionamiento.

Delmira Agustini disponía de "un cuarto propio;" de una admiración casi religiosa por parte de su madre; de un padre moralista que, sin embargo, transcribía sus trabajados y sexuales versos; de una muñeca que simbolizaba todo el mito externo de la Nena y, como tal, potenciaba la visibilidad por el adorno y la invisibilidad desde su mudez en el sillón de la esquina del "santuario" donde Delmira escribía.[19]

La duplicidad del contexto permitió dar voz a Delmira Agustini. El análisis de sus versos nos devolverá esa voz, a modo de indicio de otras muchas voces que resuenan desde el potencial de sus silencios de página en blanco.

---

[19] Clara Silva se muestra implacable con la imagen externa de Delmira Agustini, que asocia a su muñeca. Después de elogiar la poesía de Delmira, la crítica señala: "Y todo esto sin que dejara de ser, en lo exterior, en su vida cotidiana, la señorita burguesa y la niña mimada que escribía cartitas idiotas, y en cuyo 'rincón familiar predilecto' (según palabras de sus propios familiares) señoreaba la muñeca aquella que hemos visto, rubia, vestida de raso celeste, con su sonrisa de porcelana y parecida a ella misma" (32). El "rincón predilecto" y la "muñeca" de Delmira aparecen documentados por Silva en fotografías de páginas 49 y 53.

II

REFLEJOS DE OFELIA:

EL LIBRO BLANCO (FRÁGIL)

Nació enferma de amor y de belleza.
Madame Pompadour

El discurso de la fragilidad domina tanto la producción como la recepción del primer volumen poético de Delmira Agustini, volumen titulado significativamente *El libro blanco (Frágil)* (1907). Delmira Agustini tenía entonces unos veintiún años, la misma edad de Rubén Darío cuando éste publicó su aclamado *Azul...* (1888). A pesar de la madurez que implica la edad con que ambos autores publicaron sus obras respectivas, el campo semántico de lo angelical y lo frágil fue aplicado sistemáticamente a la persona de Delmira Agustini, en particular al referirse la crítica al mencionado volumen.

Como se indicó con anterioridad, este tipo de presentación que construye o "textualiza" a Delmira Agustini en función de su obra no se produce en la recepción de autores masculinos. Cuando la crítica oficial analiza la obra de los hombres, por lo general prescinde de especulaciones biológicas o atribuciones biográficas que distorsionan la valoración de las obras.[1]

La insistencia en textualizar a las mujeres creadoras parece responder a una necesidad de contener o dominar la desviación que supuso una mujer escritora en los rígidos esquemas sexuales de la época. Si por

---

[1] Excepción a esta regla es la textualización de que fue objeto el uruguayo Roberto de las Carreras (1875-1963). Como sucedió con Delmira Agustini, Roberto de las Carreras fue asimismo criticado en función de metáforas que especulaban sobre su sexualidad y marginaban su obra. Para un estudio clarividente y desmitificador del uruguayo, véase Uruguay Cortazzo.

una parte el contexto político en que escribía Delmira Agustini manifestaba una actitud progresista y liberal para con la mujer (Barrán y Nahum 90), por otra exigía un disciplinamiento de la conducta que predicaba los valores burgueses de represión sexual y culto al trabajo (Barrán 23). En este sentido, José Pedro Barrán define el Uruguay del Novecientos como "la época de la vergüenza, la culpa y la disciplina" (11). Este afán de disciplinamiento llegó a afectar a los sentidos: "los estímulos visuales, auditivos y olfativos. . . en general, se anemizaron." (Barrán 17).

En este contexto de culto a la fragilidad, disciplina laboral y puritanismo se inserta la abundancia de la persona y la obra de Delmira Agustini. Es por ello que a fin de legitimarse como autora, esto es, como escritora susceptible de autoridad literaria, Delmira Agustini debía admitir ser "textualizada" (ser reducida a texto o fetiche) por los sorprendidos críticos y autores del período, quienes aplicaron a Agustini el campo semántico de lo frágil. Al mismo tiempo, el afán de convertir a Delmira Agustini en un asimilable texto que aluda al esquema femenino de lo frágil, convivió con el discurso de la fragilidad utilizado por la propia autora en su poesía, ya desde el (sub)título de su primera producción: *El libro blanco (Frágil)*.

Uno de los mitos angelicales de la fragilidad que Delmira Agustini personaliza y reinterpreta, especialmente en sus primeros libros, es el de la figura yacente de Ofelia, figura que fascinó a la imaginación finisecular por sus connotaciones de locura, entrega, belleza inerte, vulnerabilidad (Dijkstra 49). El concepto de la fragilidad en la primera obra de Agustini se manifiesta mediante un discurso que denominaré "ofélico," concepto estético que contrasta con el "discurso órfico" dominante en producciones posteriores de Agustini. El discurso de la fragilidad, en la metáfora de Ofelia yaciendo sobre el río de la conciencia, aparece de forma implícita en la obra de la autora uruguaya a través de imágenes que aluden a la doble función que se ha atribuido al mito shakespeariano.

Por una parte, la figura de la joven suicida se ha interpretado tradicionalmente como estadio intermedio o eje especular de las polaridades de Eros y Tánatos, del espíritu y la materia. Vinculada a esta presentación se ha valorado la posición yacente de Ofelia en su inherente función de trascendencia iniciática. Ambas proyecciones atribuidas a Ofelia se reconocen con frecuencia en el escenario poético presentado por Delmira Agustini en sus textos, a partir del cual el yo lírico aspira a la trascendencia tanto espiritual/poética como erótica.

Además de la asociación implícita del yo lírico al mito shakespeariano, Delmira Agustini utiliza también una serie de imágenes que permiten acceder a la trascendencia poética/erótica en la doble función del discurso ofélico señalada más arriba. Entre las mismas se encuentran las siguientes. En primer lugar, "la maga," "el hada," "la diosa" y una "musa" personal e intransferible funcionan como intermediarios para acceder a lo Otro, -sea ese Otro la experiencia estética o la complementaria experiencia erótica de otredad,- y en ocasiones se plantean desde un "travestismo poético" por parte de la hablante-poeta que subvierte las jerarquías literarias asociadas al género sexual. La "musa" aparece, además, como reflejo de las aspiraciones trascendentes del yo lírico de Agustini.

Un segundo grupo de imágenes viene configurado por "la estatua," "la tarde" y "la musa gris." Los componentes de esta serie se plantean como marcos de indefinición y transición hacia la visión poética, y contienen en sí mismos el ideal de trascendencia tanto poética como erótica que articula la estética de Agustini. Particularmente "la musa gris" encapsula el ideal unitivo por combinar las dicotomías esenciales presentes en la dualidad principal entre lo blanco y lo negro, entre el alma y el cuerpo. La frágil y ojerosa "musa gris" aglutinará entonces las imágenes de la poética de la fragilidad de Agustini, connotando de nuevo el mito de Ofelia.

Junto a estos grupos se encuentran otras imágenes que funcionan también como recursos de "indirección," es decir, permiten asimismo representar o acceder a lo Sublime de forma alusiva o "indirecta." Entre las mismas destacan el "ensueño," que facilita la visión poética, y en particular la audaz imaginería de una entidad suprema a través de la cual la hablante logra engendrar la divinidad, una "estirpe sobrehumana" que permite en último termino divinizar al yo. Este último recurso, el más personal y provocativo de Agustini, será desarrollado en la obra inmediata de la autora.

La voluntad de Unidad desde la poética de la fragilidad constituye la principal coordenada de exploración de Agustini en su primer poemario. El "discurso ofélico" en que se basa este planteamiento insinuará en último término la estética moderna del silencio, componente que informará rasgos postmodernos en la obra inmediata que la autora articulará bajo el signo de Orfeo. La estética del silencio aparece entonces replanteada por Agustini desde su doble posición, aquella que por una parte cuestiona desde su yo poético de mujer la Palabra canónica-masculina; y que por otra participa de la confianza moderna en la capacidad del lenguaje para comunicar la experiencia poética, elaborando a partir de la habilidad todavía demiúrgica del Verbo que domina en el movimiento modernista.

LA FRAGILIDAD COMO METÁFORA
EN LA SOCIEDAD Y EN LA OBRA DE DELMIRA AGUSTINI

El libro blanco, primer volumen de poemas de Delmira Agustini, apareció en 1907 con el subtítulo *(Frágil)*. La posición secundaria y en paréntesis de "*(Frágil)*," así como los sentidos a que alude el término (debilidad, enfermedad, lo quebradizo e inseguro), potencia la indicación marginal del subtítulo que, sin embargo, la autora precisa constatar.

Al mismo tiempo, el término "frágil" evoca la dimensión de enfermedad y minusvalía que era esperada de las damas del Novecientos uruguayo, ambiente al que pertenece Delmira Agustini. Las nociones de virtud y de pureza tanto física como mental resultaban equivalentes en una época que basaba ambos conceptos en la debilidad del cuerpo y en el silencio de la mujer (Dijkstra 25). Las atribuciones de silencio y abnegación asimismo se asociaban a la esposa, todavía considerada en muchas culturas como "el ángel del hogar."

De forma complementaria, la fragilidad implica las nociones de protección y de tutoría, de *palabra* que emite el hombre respecto a la mujer frágil y en silencio. Por lo mismo, la mujer finisecular apenas puede reducir su poder al del "rechazo." Sandra Gilbert y Susan Gubar advierten en el "rechazo" ejercido por la mujer victoriana la reacción extrema contra la imposición patriarcal del mito de la feminidad: silencio, fragilidad, precariedad (58). Esa actitud de rechazo potencia la enfermedad de la mujer: agorafobia, anorexia, deficiencia lingüística y locura, imágenes que son utilizadas por las autoras anglosajonas como formas de autodefinición (Gilbert y Gubar 58-59). De este modo, y como concluyen Gilbert y Gubar, los esquemas patriarcales de debilitamiento en la mujer permiten, en último término, la "salud" artística de la escritora victoriana y modernista anglosajona (59), con lo cual se logra superar la supuesta "ansiedad de autoría" literaria a la que se aludió con anterioridad.

En principio, Delmira Agustini no participa de esta actitud ni de la condición de víctima propia de la escritora anglosajona de la época. La sociedad que rodea a Agustini sí que participa de esos valores, por lo que exige a Delmira Agustini cierta negociación o pacto. Si Agustini quiere acceder a la autoridad literaria, esto es, a la voz y a la capacidad de elección que eran prerrogativas del hombre, la poeta uruguaya debe someterse al silencio que implica ser construida por la crítica y por la sociedad de la época. Es decir, a fin de autolegitimarse como autora y como mujer, Delmira Agustini tiene que aceptar y en cierto modo asimilar las metáforas de la fragilidad propias del período, y responder a sus consecuencias (locura, claustrofobia, "reducción," e incluso la muerte como epítome real de tales metáforas).

Ejemplos de esa asimilación de valores pueden rastrearse en la correspondencia de Agustini. Con ánimo conversacional y sincero, Delmira escribe a Rubén Darío retando ingenuamente al alma de quien considera su "Dios en el Arte": "Y no sé si su neurastenia ha alcanzado nunca el grado de la mía. Yo no sé si usted ha mirado alguna vez la locura cara a cara y ha luchado con ella en la soledad angustiosa de un espíritu hermético" (Correspondencia 43).

La "eterna exaltación dolorosa" que hace percibir en la autora su propia debilidad estética "en lucha con tanto horror" (Correspondencia 43), compite entonces con los adjetivos que aplican los críticos a la persona de Delmira Agustini, adjetivos que participan inicialmente del campo semántico de la fragilidad: "delicada, sensible y joven como un pétalo de rosa" (Rosenbaum 65); "pequeña Ofelia" (Montero XI).

Ese discurso extraliterario existe como reflejo de las fantasías masculinas que contraponen a la Ofelia-musa inventada, insinuaciones de Medusa. Entre los apelativos de "Medusa" referidos a Delmira en el segundo estadio de su poesía, poesía que intensifica el componente erótico, destacan los ya apuntados comentarios de Emir Rodríguez Monegal. El autor califica a Delmira de "desmelenada mujer" (54), e incide en el componente sexual de Agustini: "arrebatos de pitonisa en celo" (8), "obsesa sexual," "ninfomaníaca del verso" (9).

Esta duplicidad en la que se inscribe la recepción de Delmira Agustini, participa de la iconografía de fin de siglo. Uno de los recursos misóginos predilectos fue la dicotomía entre el ángel y el demonio. Sandra Gilbert y Susan Gubar asocian la fragilidad a la figura del ángel, figura susceptible de que otros la creen y le den voz dada su pasividad y silenciamiento (55). Como contrapartida, la persistencia en la voz lleva las consecuencias de la perversión y de la monstruosidad propias del exceso, consecuencias que se asocian a la figura del demonio (Gilbert y Gubar 55). En tal dialéctica se sitúa Delmira Agustini quien, decidida a crear y autocrearse, debe permitir que la crítica la construya o textualice, esto es, debe convivir con la dicotomía de ángel y de demonio, de renuncia y de elección, de silencio y de voz. Agorafobia, infantilismo y locura participan, en último término, de un cuerpo textual indiscernible entre vida y obra, aunque esto ocurra sólo en apariencia en el caso de la autora uruguaya.

A diferencia de sus equivalentes en la cultura anglosajona ("textualizadas," a su vez, por la teoría feminista), Delmira Agustini se distancia conscientemente de su arte. La autora parece distinguir perfectamente entre los niveles discursivos que incorpora, ya sean los de dama burguesa, amante infantil, musa o poeta. Cuando la autora firma con la múltiple rúbrica de "Delmira. Nena. Yo" (Correspondencia 22-24), parece darse perfecta cuenta de lo que implica cada papel, distinción que se insinúa en la clasificación de la firma. Esto no supo entenderlo el discurso de poder que la rodeaba, textualizándola hasta el sacrificio, y hasta la leyenda.

(Frágil), por lo tanto, aparece como margen que precisa ser constatado y como complemento del título *El libro blanco*. Si en criterio de Susan Gubar, el silencio, atributo de la fragilidad, "contains all potential sound;" del mismo modo el color blanco "contains all color" (305). Síntesis de esta percepción, asimilada a la mujer como mito y como texto, es la metáfora ya aludida de la página en blanco que desarrolla Susan Gubar respecto al problema de la creatividad en la escritora victoriana y modernista anglosajona. Como se indicó más arriba, la "renuncia" se presenta entonces como reacción de la mujer a su impuesta posición de página en blanco, dando lugar a una afirmación de lo que se rechaza, esto es, a la "palabra." Del mismo modo, la fragilidad en la poesía de Agustini existe también por ausencia -aparente en la posición secundaria del subtítulo: *(Frágil)*,- dando lugar a una solidez textual que excluye la potencialidad de lo frágil para concretarse en escritos: *El libro blanco*. A esta formulación antitética responde la escritura de Delmira, formulación integrada a las "estructuras polares" propias del movimiento modernista (Schulman 30).

No obstante, la potencialidad de lo frágil se mantiene en el ideario mismo de la poesía de Delmira Agustini, ideario que se reconoce en la simbología del color blanco. Por una parte, el color blanco es expresión de la "totalidad y la síntesis de lo distinto, de lo serial" por ser suma de los colores primarios (Cirlot 101). Al mismo tiempo, el color blanco simboliza la voluntad de acercarse al estado celeste, el deseo de alcanzar el centro espiritual (Cirlot 101). Por lo mismo, lo blanco se asocia a la ascensión hacia el estado de gloria cuya culminación se relaciona con el oro, asimilado también al color blanco (Cirlot 138). Las connotaciones podrían multiplicarse a otras instancias simbólicas del color blanco (pureza, erotismo, "feminidad"), y en su combinación con otros colores, rastreables en la poesía de Delmira Agustini. No en vano el modernismo es consciente de su herencia simbolista, ya desde sus textos más representativos: *Azul...* (1888).[2]

El libro blanco (frágil) aparece entonces, y de acuerdo con la simbología mencionada del color blanco, como un compendio de muchos de los registros que la poeta intensificará en sus escritos posteriores, dando lugar a la acertada percepción de su obra como corpus unitario. Por lo mismo, se podría advertir el establecimiento de un sistema de correspondencias entre ideas (logos) o símbolos en la obra de Delmira Agustini, en la que no sólo cada símbolo, sino a su vez cada frase, poema o libro asumiría la condición de fragmento, cuya concepción, heredada del romanticismo,[3] implicaría que todo aquello que tiene cabida en él (metáfora, símbolo, verso, poema, libro, etc.) ha de ser una unidad autónoma y al mismo tiempo formar parte de una totalidad orgánica. Se trataría entonces de un proyecto de creación cercano al "texto único" de Valle-Inclán: "una puesta en escena de imágenes especulares para crear ilusiones de realidad" (Zavala, Musa 16). Según Iris Zavala, tales imágenes especulares, que permiten "establecer el entramado de relaciones sociales en repeticiones, plagios, citas, parodias, reposiciones irónicas, juegos intertextuales," ayudan a legitimar un nuevo o "moderno relato" de la historia literaria, "poniendo al receptor / auditor en crisis consigo mismo

---

[2]   Esta idea simbolista podría asociarse con la visión bajtiniana de la palabra, descrita por Iris Zavala de la siguiente manera: "Las palabras, el léxico no le pertenecen a nadie, sólo son entradas neutras en el diccionario. Cualquier palabra (enunciado) adquiere existencia social para el hablante en tres realidades: como palabra neutra de la lengua; como palabra ajena llena de ecos de los enunciados de otros, y que pertenece asimismo a otras personas, y, finalmente, como palabra propia, en su *uso* individual en situación determinada, compenetrada de la expresividad personal" (Posmodernidad 56).
[3]   Véase Philippe Lacoue-Labarthe, y Jean-Luc Nancy. *L'absolu littéraire. Théorie de la litterature du romantisme allemand.* (Paris: Seuil, 1978) 64-70.

y con la tradición" (Musa 17).

De hecho, algunos de los poemas de *El libro blanco* aparecerán en el tercer y último libro que la escritora publicará en vida, *Los cálices vacíos* (1913), libro donde se reedita también la segunda publicación de Delmira, *Cantos de la mañana* (1910).

VISIÓN OFÉLICA

El primer poema de LB encapsula la voluntad unitaria tanto del libro como de la obra global de Agustini. Significativamente, este primer poema, "Levando el ancla" (71), apareció en ediciones posteriores (Zum Felde; "Edición Oficial") con el título "El poeta leva el ancla." En este poema de iniciación, el yo lírico se aventura en el mar de la creación, un mar que contiene las variantes de "agua," "espejo" o "lago," que aparecerán con frecuencia en la obra de Agustini, y que se asocian también a la página en blanco:

> El ancla de oro suena, la vela azul asciende
> Como el ala de un sueño abierta al nuevo día,
> ¡Partamos, musa mía!
> Ante la prora [sic] alegre un bello mar se extiende. (1-4)

Otras imágenes recurrentes en la poética de Agustini, imágenes que apuntan al componente ofélico de iniciación y tránsito, se insinúan ya en "Levando el ancla." Entre ellas se reconoce la imagen del (en)sueño como mediador de la trascendencia poética: "la vela azul asciende / Como el ala de un sueño" (1-2). También aparece la musa como entidad personal e intransferible: "musa mía" (3). Por último, la poeta expresa el miedo a las visiones futuras e incertidumbre ante resultados de gloria o de fracaso: "Yo me estremezco: ¿acaso / Sé -oh Dios!- lo que aguarda en los mundos no vistos?" (11-12).

Entre las alternativas futuras que plantea la hablante del poema se encuentra la del sacrificio, instancia que participa de la iconografía cristiana: "El naufragio o la eterna corona de los Cristos?..." (15). En la posibilidad visionaria del sacrificio se connotan toda una serie de imágenes que aparecerán en la obra posterior de Agustini. Entre las imágenes latentes en la grafía de los puntos suspensivos del verso apuntado, verso con que culmina el poema, se insinúan aquellas de la sangre, la muerte o la divinidad del superhombre.

La expresión "Levar el ancla" significa también acceder a la transcendencia, eliminar el peso de la realidad inmediata, en cierto modo "fragilizarla" diluyendo sus contornos por el procedimiento de entornar los ojos: "Blandamente yo entorno / Los ojos y abandónome a sus ondas / Como un náufrago al juicio de los mares" ("Nardos" 9-11). En el poema "Nardos" (92-94), la voluntad de exploración por el ensueño viene activado por el perfume de flores. El perfume constituye una de las formas que diluyen lo inmediato en la imaginería de Delmira, y aparece como variante de otras formas que cumplen la misma función en la obra de la autora como "resonancias," "ecos," "evocaciones" o "reflejos":

> El haz de esbeltas flores opalinas
> Da su perfume; un cálido perfume
> Que surge ardiente de las suaves ceras
> Florales, tal la llama de los cirios. (5-8)

Al mismo tiempo, el sentido de "perfume" aparece aquí asociado a erotismo o amor, por la relación cálido-ardiente-llama (pasión) y la sinestesia olor (perfume) y tacto (calor), pues el perfume cálido surge ardiente: "tal llama de los cirios." Los cirios son las velas ("de las suaves ceras") y por su uso en velorios, como los arreglos "florales," también evocan la idea de la muerte. Así parece enfatizarse la relación entre el amor y la muerte, relación ya típica en el modernismo, que personaliza Delmira Agustini.

También las flores simbolizan tradicionalmente la belleza y la fugacidad en su esencia, y el alma en su forma (Cirlot 205). En "Nardos," poema titulado en la primera edición de LB "Flores vagas," el perfume de las flores transporta a la hablante hacia una situación de abandono de reminiscencia ofélica. Sin embargo, la pasividad y abandono atribuidos al mito de Ofelia se subvierten en el poema de Agustini a través de dos variantes. Una forma de subversión se constata en la intensidad y capacidad interpretativa de las sensaciones que percibe el yo lírico de Agustini. Otra subversión se reconoce en la voluntad de saber y el cuestionamiento de la hablante en el poema, un cuestionamiento que, por otra parte, funciona como autorreflejo a diversos niveles líricos. Las variantes de "reflexión" -en su doble acepción de reflejo y de meditación-, excluyen, sin embargo, el componente narcisista atribuido al reflejo y a Ofelia, exclusión que también advierte Julien Eymard en su aproximación al mito shakespeariano (167). Según Eymard, Ofelia se asimila a su propio reflejo, y por la posición yacente y de ojos cerrados la define como "l'expression fidèle de l'ouverture à l'Erôs" (167). El alma de la poeta en "Nardos," al igual que la figura de Ofelia en la lectura de Eymard, también "se abre" (en una implicación sexual) a uno de los dos perfumes que exhala "el haz de las flores":

> De las flores me llegan dos perfumes
> Flotando en el cansancio de la hora,
> Uno que es mirra y miel de los sentidos
> Y otro grave y profundo que entra al alma,
> Abierta toda, como se entra al templo. (12-16)

El alma del yo lírico privilegia en el poema al segundo perfume "que entra al alma," frente al primero que apela a los sentidos. La constante alusión a la dicotomía típicamente modernista entre el alma y el cuerpo, entre "Logos et Eros" que simboliza Ofelia (Eymard 197), converge en la experiencia de la creación poética. Paralelamente, el mito de Ofelia no participa tanto del principio espiritual de la muerte (Tánatos), como del componente erótico vinculado a la iniciación (Eros). En opinión de Eymard, Ofelia constituye un mito principalmente iniciático, "de passage" (Eymard 197). Ese valor de iniciación se reconoce en el primer grupo poético de Delmira Agustini, como puede rastrearse en el poema "Nardos."

Con frecuencia, el intermediario de la iniciación poética en la obra de Agustini es el ensueño, elemento que Gaston Bachelard, citado por Eymard, asimila al "agua" en su concepto "d'ophelization" (168). Mediante el ensueño se alcanza el grado visionario. La posición del yo lírico en "Nardos," como la del mito de Shakespeare, es horizontal, se asume desde el lecho que invita a la imaginación creadora al tiempo que alude al erotismo. El ensueño, como el agua en el mito de Ofelia, viene a configurar entonces el término medio y el agente intermediario de las polaridades esenciales que aspiran a la Unidad (cuerpo y alma, Eros y Tánatos, blanco y negro).

Nidia I. Renfrew ha definido ese espacio intermedio como "lo gris" al referirse al proceso poético en la obra de Delmira Agustini. Renfrew advierte como unidad principal en la poética de Agustini el principio estructural y temático de la imaginación creadora, "de la que Eros es su metáfora central" (15): "el 'antes' y el 'después' es lo gris, el acto es la luz. Lo gris sugiere la existencia de una zona de vacío en la conciencia del poeta entre los distintos actos de creación" (73). La detención en la zona intermedia de vacío o deseo de realización, de aspiración hacia la "luz," viene también a constituir un espacio en sí mismo que podría calificarse de "metapoético" por su reflexión sobre la capacidad visionaria de la experiencia poética. Desde ese espacio intermedio, que en "Nardos" se identifica con "la sombra," la hablante intuye resonancias de totalidad:

> ¡Oh flores, hablad mucho! Acá en la sombra
> Vuestras voces me llegan
> Como a través del muro inderrocable
> Que separa la Muerte de la Vida. (36-39)

Al mismo tiempo, en la experiencia poética desarrollada en "Nardos" intervienen componentes de la iconografía cristiana, principalmente de la mística. Como en el proceso hacia la Unidad con Dios propio de la poesía mística, en el proceso de transgresión de umbrales hacia el (auto)conocimiento que presenta el poema "Nardos" intervienen tanto los sentidos como el alma:

> Uno es un mago ardiente de oro y púrpuras,
> Otro una monja de color de cera
> Como un gran cirio erguida,
> Y con dos manos afiladas, lívidas,
> Que me abren amplias puertas ignoradas
>   Que yo cruzo temblando.
> . . . .
> ¡Oh flores, me embriagáis y sois tan blancas!
> Tan blancas que alumbráis y yo os contemplo
> Como el sello de Dios en las tinieblas. (20-25, 33-35)

No obstante, la búsqueda personal, como la calidad "inderrocable" del muro divisorio entre polaridades esenciales, entre "La Muerte y la Vida" (39), se mantiene en el estadio de las resonancias, en el espacio del deseo tanto físico como espiritual y lingüístico. En ese estadio de deseo, formalmente indicado mediante interrogaciones retóricas, puntos suspensivos o la insinuación de inseguridad y balbuceo en el último verso (56), finaliza el poema. La única realización o culminación de la experiencia cognitiva se agota entonces en la imaginación de la poeta, cuya expresión formal es el propio poema:

> . . . .Decidme, flores,
> ¿Qué sabéis del misterio de la vida...
> De la inmensa leyenda del Calvario...
> Qué del vuelo supremo de las almas?...
> ....
> Las cavernas del sueño: decid, flores!
> ¿No serán... el oasis... de la vida?... (51-56)

Por otra parte, la continua polaridad entre Logos y Eros, entre el alma y el cuerpo en la obra de Agustini, polaridad extendida a la dicotomía principal entre la luz y la sombra, participa de un campo semántico limitado que enumera Linda K. Davis East: "luz," "fuego," "sol," "sombra" (22). La recurrencia en tales elementos funciona, según criterio de Davis East, como "archetypal simbols" en una obra poética que explora el proceso creativo a modo de "Imaginary Voyage" (22).

El centro y clave espiritual de la obra de Agustini se situaría entonces en la imagen ya señalada de la "luz," por ser símbolo, ahora en palabras de Wheelwright citadas por Davis East, de "certain mental and spiritual qualities [of] virtually universal range" (22). Con este criterio, Davis East explora en el poema "Ave de luz" un predominio de las imágenes visuales que se complementan en sus variantes de metáforas de "luz" ("fuego," "fulgor," "astros," "lumbre," "sol") con las imágenes de movimiento ("alas al batirse," "pico al entreabrirse," "vuelo"). Al mismo tiempo, el uso de adjetivos que abstraen la concreción de los nombres permite la "elevación" de la experiencia a un plano mental, como sucede en las bimembraciones documentadas por Davis East a propósito del poema citado (75): "Ave de luz," "ojos insondables" (4), "vuelo inconcebible" (1). Esta apreciación se intensifica en el oximorón que aparece en el décimo verso del poema: "Abarca lo infinito en toda su extensión."

La naturaleza misma del recurso de la paradoja remite a lo inefable por desestimar el significado de los términos que la componen a fin de alcanzar un grado superior, un *más allá* que podría vincularse a lo que Jean-François Lyotard define como "impresentable" y que caracteriza al arte moderno (Postmodernidad 19). De hecho, la estructura de la paradoja se asocia a la poesía mística, en la cual la tensión continua entre placer y dolor participa del lenguaje amoroso humano.

Seguimos, por lo tanto, en la dimensión intermedia inabordable hacia lo Sublime, hacia la Idea, que el/la poeta es capaz de concebir pero incapaz de (re)presentar, según afirma Lyotard en su relectura de la filosofía de lo Sublime de Kant (Postmodernidad 19). No obstante, Delmira Agustini mantiene la confianza "moderna" en el lenguaje, confianza que le permite la ilusión última de aproximarse a lo Otro mediante la alusión e indirección. El principal recurso de indirección en la poética de Agustini es el (en)sueño, elemento que también fue asociado por el simbolismo francés a la creación lírica.

Con los ojos mentales, -en un paralelismo con el célebre "Primero Sueño" de Sor Juana Inés de la Cruz,- una vez cerrados los ojos empíricos, o dejado entreabiertos para mantener la vinculación sensual, el yo lírico de Delmira Agustini desea elevarse, asimilarse al "él" capaz del vuelo sublime del intelecto. En el poema "Ave de luz," la hablante se entrega a una entidad divinizada a la que apela directamente en la última parte del poema. La finalidad de la poeta es la de aproximarse al Ideal por intercambio carnal con el ave divina. La referencia participa de la simbología modernista del mito clásico de Leda y el cisne, esto es, el mito de intercambio entre lo divino (Zeus-Cisne) y lo humano (Leda-poeta):

> Escucha: yo te brindo mis frescas ilusiones,
> Mis mágicos ensueños, mi rica juventud,
> ¡A cambio de un instante de vida en mi cerebro!
> ¡A cambio de un arpegio de tu canción de luz! (23-26)

El intercambio sexual con el Ideal, intercambio que permite la propia divinidad del yo lírico, anticipa el engendramiento de una tercera entidad divina que informará la audaz imaginería de la "estirpe sobrehumana" frecuente en la obra posterior de Agustini. La ilusión de concebir una "estirpe sobrehumana" supone la culminación de lo que para Sor Juana Inés de la Cruz en "Primero Sueño" constituye la cúspide de la pirámide mental, esto es, el acceso al "conocimiento" en un sentido que en la obra de Agustini participa del componente sexual. En ese propósito unitivo -cuyo proceso nos revela Delmira a medida que crea el poema y la obra global,- interviene la iconografía tanto católica como erótica. De este modo, en una clara asociación con la mística, la unidad con lo Otro se produce como resultado de la unión tanto física como intelectual del yo poético con un "tú" sobrehumano que se asocia al Pensamiento, o al Genio:

Postraos ante el hombre que lleva en su cerebro
Esa ave misteriosa ¡manojo de fulgor!
Que mata, que enloquece, que crea y que ilumina
¡Aquel en quien anida es émulo de Dios!
....
Oh Genio! extraña ave de vuelo inconcebible! (17-21)[4]

Ese valor imaginario de intercambio sexual con la divinidad -
intercambio que insinúa una "estirpe sobrehumana" futura,- mantiene un
grado de indirección que convenientemente permite a la poeta aludir a lo
Sublime, a lo inefable, sin el riesgo metafórico de ceguera ante el exceso
de "luz" que implica la visión de lo absoluto: "y por mirarlo todo nada
vía," apunta Sor Juana en su poema (192).

En el verso señalado del "Primero sueño," Sor Juana admite un
ambivalente fracaso en la culminación del ascenso al conocimiento,
fracaso que la autora mexicana pretende resolver mediante la subida
metódica: "de un concepto / en otro va ascendiendo grado a grado" (194).
Por su parte, la estrategia del yo poético de Delmira Agustini es la de
incorporar los diversos niveles que propone para alcanzar finalmente la
autocreación, esto es, la divinidad en sí misma como poeta y como mujer
creadora. Es decir, el proyecto de autocreación de Delmira Agustini se
pretende lograr a través de una concepción múltiple: la de un amante
"superior," la de una estirpe sobrehumana a su vez creadora, la del poema
en último término.

De este modo, la indirección, además de sugerirse como único
recurso de acceso a la ilusión de totalidad carnal y mental ("Imagina!!
Estrechar vivo, radiante / El Imposible! La ilusión vivida!," –"Intima" 33-
34-), permite también la osadía de Icaro sin riesgo (Burt, Myth 116),
permite concretar un titanismo de herencia romántica sin más efecto
ulterior que la ansiedad de lo que permanece inalcanzable. Sin embargo, la
desilusión última de advertir la calidad inalcanzable de lo Sublime, se

---

[4]   La alusión posible a Darío permitiría una lectura irónica de este poema al
identificarse al poeta nicaragüense con el cisne. Tal identificación fue obra del propio Darío
cuyo propósito fue ennoblecer o embellecer, como sugiere Salinas, el deseo de posesión o
deseo sexual masculino: "precisamente al encontrarse coincidentes, en el cisne, la sed
posesiva de un hombre y la de un dios, queda lo erótico humano, supremamente
dignificado, ascendido a olímpico. Gracias a la concurrencia del cisne, Darío acierta con la
hermosa forma de divinizacion de su apetito erótico" (99-100). Las concomitancias con la
estética de Agustini serán estudiadas más adelante.

compensa, aunque sólo de forma provisional, con el poema mismo.

MEDIADORES EN LA TRASCENDENCIA POÉTICA: EL HADA, LA MAGA, LA DIOSA

Otra forma de mediación pseudodivina que permite al yo poético no sólo el acceso a la otredad sino también la autojustificación y el reflejo indirecto de sus deseos de transcendencia física y espiritual, la constituye el grupo integrado por "la maga," "el hada," "la diosa," y una "musa" personal e intransferible. Todas estas variantes funcionan como estrategias (meta)poéticas que apuntan al enunciado ofélico, articulando implícitamente el discurso de la fragilidad en su función etérea de mediadoras de la experiencia lírica, y también al señalar la precariedad última del enunciado poético.

Por una parte, *la maga* aparece como entidad que sacia la "sed ardiente" del yo lírico en el poema "La sed" (74): "¡Tengo sed, sed ardiente! -dije a la maga, y ella / me ofreció de sus néctares" (1-2). La maga proporciona a la hablante "sensación divina" a través de la pureza cristalina del agua: "Bebí, bebí, bebí la linfa cristalina... / ¡Oh frescura! oh pureza! oh sensación divina! / -¡Gracias, maga, y bendita la limpidez del agua!" (12-14). La pureza del agua contrasta con los néctares previos que la maga le había ofrecido y que la poeta rechaza en una referencia estilística a los excesos del modernismo: "Hay días que me halaga / Tanta miel, pero hoy me repugna, ¡me estraga!-" (6-7). Esta preferencia coincide con la posición del yo lírico en el poema "Nardos" arriba estudiado, en el cual se privilegia el perfume "que entra al alma," sobre aquel que apela a los sentidos.

Por otra parte, *el hada* le ofrece a la poeta la "lira de oro" para que en ella cante "su musa," ahora en un estilo que privilegia al modernismo más estilizado: "-Toma -y una esbelta lira de oro me dio- en ella cante / La musa de tus ensueños sus parques, el cisne azul" ("El hada color de rosa" 86, 5-6). Las referencias ahora no son tanto líquidas como etéreas, aludiendo a la creación poética en tales términos: "Y Helena que pasa envuelta en la neblina de un tul / Busca la rima y el ritmo de un humo, de una fragancia" (8-9).

El hada se asimila a la maga y a *la diosa* de mirada cegadora en el poema "El poeta y la diosa" (105-06). En ese texto se reiteran las asociaciones previas. El hada se relaciona con el ensueño y con "la helada / Luz de su mística estancia" (27-28). El componente de maga se asocia, por su parte, al mencionado escanciado de licores múltiples y contrastados de los que bebe el titanismo del poeta: "Y gusté todos los vinos / De la maga" (46-47). La convergencia del hada y de la diosa se explicita en los versos 34-35: "Escanciome raros vinos / A la sombra de una lira..."

Al mismo tiempo, "El poeta y la diosa" connota una inversión de género gramatical respecto a la voz femenina de Agustini, que aparece determinada en el título del poema. La inversión de género facilita el intercambio entre una entidad divina mujer ("la diosa") y un yo humano que apunta al supuesto universalismo del género masculino ("el poeta"). Esa situación de intercambio de género ha sido calificada por Sandra Gilbert y Susan Gubar como "sexchange," término que Helen Sword retoma y define como "literary appropriations of opposite gender roles and disguises" (306).[5] Dicha opción, que denominaré "travestismo poético," parece enriquecer los postulados poéticos cuando el autor es un hombre. Sin embargo, cuando se trata de una mujer poeta, el supuesto "travestismo poético" parece limitar la consciencia de ese enriquecimiento o multiplicidad lírica al interiorizar la mujer creadora supuestos universales a modo de códigos preestablecidos. Delmira Agustini suele participar de esa postura, utilizando con frecuencia ciertos códigos e imágenes masculinistas del período entre las que se encuentra la del intercambio entre lo divino y lo humano, intercambio cuyo máximo exponente en el modernismo será el mito de Leda y el Cisne. No obstante, cualquier código de la tradición que se utilice aparece susceptible de revisión según la voz poética y el planteamiento retórico que intervenga.

En este sentido, el "travestismo poético" de Agustini podría responder no sólo a un deseo de legitimación al usurpar con el artículo el privilegio masculino de "el poeta," sino también a una provocativa revisión de los planteamientos convencionales de género. De hecho, Agustini incurre raramente en la apropiación explícita del género masculino en sus poemas, privilegiando casi siempre el punto de vista tácito o expuesto de mujer. Esta afirmación de un yo poético de mujer subvierte por sí misma la jerarquía de la diferencia sexual que ha asociado tradicionalmente la identidad poética con el hombre. Es decir, al modo del

---

[5]   Véase al respecto el segundo volumen de Sandra Gilbert y Susan Gubar, *Sexchanges. No Man's Land* (New Haven and London: YaleUP, 1988).

travestí genuino en la apreciación de Efrat Tseëlon,[6] la obra de Agustini mantiene una continua amenaza a los valores dominantes al presentar como poeta legítimo (y no devaluado) a una mujer.

En "El poeta y la diosa," Agustini experimenta con el enunciado masculino en un escenario en que intervienen componentes rituales: "Entré temblando a la gruta / Misteriosa cuya puerta / Cubre una mampara hirsuta. . ." (1-3). Este planteamiento iniciático, frecuente en la estética de Agustini, coincide con cierta dramatización ritual de tradición pagana por la cual la inversión de los signos de género permitía la trascendencia y el acceso a la divinidad. Pero este "travestismo ritual," que desarrolla Camille Paglia (90-91) y al que alude Elaine Showalter (Sexual 166-67),[7] se trataba de un travestismo masculino y no femenino: "A woman putting on men's clothes merely steals social power. But a man putting on women's clothes is searching for God" (Paglia 90). El travestismo ritual que insinúa Agustini en su obra es sistemáticamente ejercido por una voz de mujer que a través de la usurpación del signo de identidad masculina (la palabra/pluma) pretende alcanzar a Dios, o más radicalmente, pretende el intercambio sexual con la divinidad. En "El poeta y la diosa," Agustini re-invierte por lo tanto la "inversión ritual," con un guiño a la tradición por tratarse del encuentro entre "el poeta" (travestido) y "la diosa" (revaluada como "cegadora"/suprema), y al hacerlo, deconstruye los parámetros asociados con la construcción de género. De algún modo, y como se indicó más arriba, todo el planteamiento poético de Agustini responde a cierta usurpación (travestismo) de esos signos de género, en la que interviene el énfasis dramatizado de rasgos asociados con lo femenino. Al fin y al cabo, como afirma Mary Jakobus, "there is no unequivocal gender identity to render ambiguous in the first place, but only the masquerade of masculine and feminine" (4).

Integrada en la teatralidad de base que caracteriza no sólo la construcción socio-lingüística en general, sino al movimiento modernista en particular, Delmira Agustini elabora sobre el papel asignado a su género, un papel que la relega en el modernismo a objeto sexual y

---

6   ". . .transvestites who dress genuinely to pass as women are doubly threatening. They give up a privileged position by crossing over to the devalued realm of femininity, and by so doing they challenge the system of sexual difference" (Tseëlon 90). Tseëlon cita al respecto el estudio de A. Woodhouse, *Fantastic Women* (London: Chatto & Windus, 1989).

7   Showalter se refiere a su vez al trabajo de Laurence Senelick, "Changing Sex in Public: Female Impersonation as Performance," *Theater* (1989): 6-11.

metáfora. El travestismo poético figura entonces como un recurso inevitable de expresión, como lo serán otras variantes subversivas en la estética de Agustini por las cuales se cuestiona implícitamente tanto la construcción de género (enfatizada en la ropa), como la poética del canon (integrada por la palabra escrita).[8]

Una forma inmediata de subversión lo constituye el hecho de que la autora no recurra de manera explícita a ciertas convenciones como el popular mito de Leda y el Cisne, un mito que, por otra parte, complica las relaciones entre lo considerado femenino y masculino. A fin de poder expresar el carácter anunciatorio y visionario propio del intercambio sexual entre lo divino y lo humano, Delmira Agustini opta por creaciones enteramente originales, o bien personaliza los recursos tradicionales desde su voz de mujer. Su personalización podría asociarse con lo que Bajtin denomina "la estilización," diferenciada de "la parodia," aunque a su juicio ambas sean maneras de refractar discursos ajenos. Mientras que la estilización tiene un propósito constructivo, la parodia no los estiliza de forma productiva, sino que los ataca para desmitificarlos (Zavala, Posmodernidad 57).

El poema "El poeta y la diosa" encapsula algunos de los elementos imaginistas del mundo poético (re)creado o personalizado por Delmira Agustini. Entre los mismos se encuentra el ya citado miedo del yo lírico ante la osadía de la transgresión: "Entré temblando a la gruta / Misteriosa. . . / -El Miedo erguido blandía / Como un triunfo mi alma fuerte.-" (1-2, 9-10). También se reconoce el tema de la vaguedad del entorno que facilita la Visión: "sombra de una galería" (6), "vaga luz" (16). Frente a las imágenes de la fragilidad, se advierten contrastes violentos: "Un roce de terciopelo / Siento en el rostro, en la mano. / -Arañas tendiendo un velo.- / ¡A cada paso en el suelo / Siento que aplasto un gusano!" (11-15). Asimismo, el encuentro transcendente con la diosa participa de la conexión física: "mi fiera boca escarlata / Besó la olímpica nata / Del albo pie de la diosa!" (18-20). Por último, en el poema se percibe lo Sublime como luz cegadora que precisa intermediario:

-Brillante como una estrella,

---

[8]   Como insinúa el clarividente ensayo de Mary Jacobus, en realidad no existe "gender identity except as constituted by clothes, or by language –just as there is no 'literal' meaning to oppose to metaphor, but only metaphors of literalness" (3). El presunto "travestismo" de Agustini en su obra apuntaría implícitamente a estos parámetros, que participan a su vez de los principios desarrollados por Mijail Bajtin.

La diosa nubla su rara
Faz enigmática y bella,
Con densa gasa: sin ella
Dicen que el verla cegara.- (21-25)

Entre las metáforas recurrentes de la estética de Delmira, presentes ya en "El poeta y la diosa," se insinúa también aquella de la estirpe sobrehumana, quizás uno de los elementos más audaces de la iconografía de la escritora: ". . . . y los dejos / De un sumo néctar futuro" (44-45). Con ello Delmira Agustini parece (re)interpretar también la tradición de la diosa y el poeta, al reproducir los pasos que han dado los poetas para acceder a la "visión" (la verdad divina) encarnada por la mujer desde la tradición neoplatónica.

Por último, las referencias yuxtapuestas de "maga," "diosa" o "hada," participan de forma explícita del concepto de futilidad, de fragilidad, cuando se refieren a la percepción final de que "la idea es una llama fatua" ("Variaciones" 46), proceso de desengaño que sintoniza con las inquietudes del romanticismo.[9]

En el poema "Pasó la ilusión" (119), la "maga," que aparece asociada a la "ilusión," se pierde en la bruma de la tarde pálida: "Pasa la maga -¿Sabes? la Graciosa y Profunda / Que abreva en frescos lagos sedientos corazones" (1-2). Tras el paso de la "maga," apenas quedan resonancias para el yo limitado de la hablante: "En la bruma muy lejos la perdió la mirada. / ¿Por qué ¡oh, Dios! en mi alma queda sin quedar nada / Como queda un perfume, una ardiente alegría?" (12-14).

Algo similar sucede en el poema "El poeta y la ilusión" (109), en el que una frágil princesita se entrega en la noche al yo lírico a modo de musa y de hermana: "La princesita hipsipilo, la vibrátil filigrana, / Princesita ojos turquesa esculpida en porcelana- / Llamó una noche a mi puerta con sus manitas de lis." (1-3). Cuando el poeta despierta en la mañana, de la frágil princesita quedan apenas los fragmentos de una muñeca: ".... y, cuando despierto, el sol que alumbra en mi alfombra / Un falso rubí muy rojo y un falso rizo muy rubio!" (13-14). Las referencias metapoéticas se mantienen a lo largo del texto, enfatizándose en la alusión estilística de los primeros versos al cliché modernista. El comentario

---

9 Así en Espronceda, quien, desengañado del ideal femenino o neoplatónico de la tradición renacentista, llama "fuego fatuo" a la idea o verdad alcanzada mediante el amor masculino a la mujer celestial renacentista. Al llamar a la idea "fuego fatuo" Espronceda reconoce que se trata de una ilusión, no de una verdad.

implícito a los excesos de cierto modernismo parece anotarse en la artificialidad que finalmente delata a la que fue en sueños "princesita."

"El poeta y la ilusión" participa, así, de un doble planteamiento que en términos bajtinianos se podría denominar "paródico/travestido," y que a su vez remite a la noción de "carnavalización" que da cuerpo al deseo de libertad:

> Es una especie de momento único, "utópico" (en el sentido actual del término), profundamente político, sin intereses de partido. Político en cuanto representa y revela el anhelo de libertad del ser humano, que en inversiones sociales subvierte el poder y la subyugación, y desafía las jerarquías dominantes, otorgándole la palabra a cuantos la jerarquía, el orden y el poder silencian y oprimen para mantener las normas. (Zavala, Posmodernidad 70)[10]

Asociado a esta noción, el concepto de "travestismo" apunta ahora a la alteración festiva de jerarquías discursivas que privilegia y celebra la libertad de expresión y multiplicidad de voces (heteroglosia) sobre el dogmatismo monológico del canon.

Un primer planteamiento "paródico/travestido" en "El poeta y la ilusión" vendría configurado por la exposición ridiculizada de la convención modernista ("la princesa hipsipilo, la vibratil filigrana. . ."), de cuyo artificio retórico sólo queda la imagen de lo parodiado, imagen que aparece alegorizada en la muñeca y sus inauténticas decoraciones: "un falso rubí muy rojo y un falso rizo muy rubio." El segundo planteamiento parece apuntar a los signos de que era objeto la propia autora en la sociedad de su tiempo.[11] En este sentido, la muñeca en que se convierte la princesita en el poema parece evocar la muñeca en el rincón de la habitación donde dormía y escribía Delmira Agustini, muñeca que Clara Silva asocia a la propia autora (32).

---

[10]   Cabe especificar que la noción de carnavalización bajtiniana no es simple juego de deconstrucción o de metaficción, sino que apunta "a una política 'somática,' un análisis de la producción libidino-política del cuerpo histórico" (Zavala, Posmodernidad 71).

[11]   Recuérdese, por ejemplo, la presentación de Agustini a los lectores de *La Alborada* que Medina Betancort recrea en el "Prólogo" a LB, presentación que la autora parece reproducir paródicamente en los primeros cuatro versos de "El poeta y la ilusión": "Una mañana de Setiembre, hace cuatro años, golpeó a la puerta de mi cuarto de trabajo en la revista *La Alborada*, una niña de quince años, rubia y azul, ligera, casi sobrehumana. . . . Las palabras sonaron en los oídos suavemente, menudas, cristalinas, como si apenas las tocara para decirlas, como si en su garganta de virgencita hubiera gorjeos en vez de vocablos, ecos de vibraciones en vez de músicas de sonidos" (Agustini, PC 65).

Sin embargo, ambas posturas "paródico/travestidas" carecen del requisito de lo cómico, es decir, no responden a la función de risa correctiva que Bajtin atribuye a la parodia. En el poema citado, Agustini no parece destruir, exponer, desmembrar festivamente el discurso modernista, sino que más bien constata una parodia legitimizada ya por el nuevo canon postmodernista. La consciencia de Agustini se mantiene entonces dentro del discurso monológico modernista que le sirve de vehículo a su propio discurso dialógico de mujer. Iris Zavala nos ofrece las nociones centrales de tal discurso dialógico:

> Para comenzar, es una noción dinámica; la dialogía establece la relación entre enunciados ("voces") individuales o colectivas. Lo dialógico concierne ante todo la interacción entre los sujetos parlantes (locutor = voz hablada o activa; emisor = voz del circuito comunicativo escrito), y los cambios de sujetos discursivos, bien sea en el interior de la conciencia o en el mundo real. Supone, asimismo, una articulación que incorpora las "voces" del pasado (tiempo), la cultura y la comunidad. Revela, en definitiva, la orientación social del enunciado. En cuanto que determina la "pluralidad" y la "otredad," se opone a la "voz" monoestilística y monológica que impone la norma, la autoridad, el discurso de poder. Captar la dialogía -- la poliglosia, la heteroglosia -- significa el desafío a un lenguaje único. (*Posmodernidad* 49-50)

Es por ello que la presunta parodia de Agustini se presenta por lo general más crítica y creativa cuando apunta a los postulados de la construcción de género, en los que el principio dialógico cuestiona de manera tácita o explícita la univocidad masculinista del canon poético.[12]

Finalmente, las alusiones a la "tarde" y a la "noche" en los poemas citados de LB ("Paso la ilusión," "El poeta y la ilusión"), responden a estadios de transición que facilitan el ensueño o Visión poética. De hecho, dichos estadios constituyen tradicionalmente los momentos propicios para la reflexión del poeta sobre sí mismo, su entrada en "la noche oscura del alma." La "tarde pálida," al igual que las figuras ambivalentes de la "musa gris" y la "estatua," forman parte de un tercer recurso de indirección en la poética de Delmira Agustini. Los dos recursos comentados previamente consistían, primero, en el aludido intermediario supremo hacia la estirpe sobrehumana, provocativa imagen que será intensificada en libros

---

[12] Para un acertado estudio del principio dialógico en la estética de Agustini, véase Estela Valverde, "D[él]mira: La representación del hombre en la poesía de Agustini." *Delmira Agustini y el modernismo: Nuevas propuestas de género.* Buenos Aires: Beatriz Viterbo (2000) 205-23.

posteriores de Agustini. El segundo recurso de indirección lo conforma la serie de imágenes que permiten la autoproyección de la hablante en las figuras de "la maga," "el hada," y en particular una "musa" personal e intransferible. La imagen de "la musa" adquiere importancia en sí misma por su papel decisivo en el proceso poético investigado por Delmira Agustini en LB.

LA MUSA: INTERMEDIARIA Y REFLEJO
DE LAS ASPIRACIONES POÉTICAS

La imagen de la musa constituye uno de los más personales y complejos recursos que Delmira Agustini emplea para acceder a la trascendencia poética en LB. Entre los significados que atribuye Delmira a la musa se encuentran tanto valores de iniciación y transición, de reminiscencia ofélica, como connotaciones de erotismo y sexualidad que revisan la imagen etérea de la tradicional presentación lírica. Al mismo tiempo, las peculiaridades que imprime Delmira Agustini a la figura modernista de la musa replantean de forma implícita las cualidades de inspiración y fragilidad que en función de la musa fueron atribuidas a la propia autora por la crítica de su tiempo. Las complicaciones en la personalización de la musa modernista desembocan en la función metapoética del reflejo, para culminar en el registro de "la musa gris." La "musa gris" aglutina en sí misma el ideal de trascedencia poética, por lo que será estudiada de forma independiente más adelante.

En primer lugar, la musa de Delmira Agustini responde enteramente a los deseos de la poeta. Es una musa creada a imagen y semejanza de sus aspiraciones, y hacia ellas se proyecta como reflejo final de sí misma: "Yo la quiero cambiante, misteriosa y compleja / . . . .Que el Universo quepa en sus ansias divinas" ("La musa" 1, 11). El titanismo del citado verso es expresión de la dialéctica que preside la obra global de Agustini, dialéctica extendida a una percepción neorromántica y modernista que sincretiza las "estructuras polares" (Shulman 30-31) propias de una época en crisis. Los versos del poema "Al vuelo" (84-85) ejemplifican este concepto: "Como una palma señorial la Idea / Nace en el centro mismo del pantano!" ("Al vuelo" 23-24).[13]

Además de una función de reflejo de la identidad contradictoria del yo lírico, sirve la musa de intermediaria que permite la transgresión. Así se presenta en la invocación del poema "Misterio: Ven..." (135-36), en el que la poeta aspira a la transcendencia por el encuentro físico con el amante de su musa: "Ven, oye, yo te evoco / Extraño amado de mi musa extraña" (1-2).

De este modo, la intervención de "la musa" en el proceso de trascendencia poética se advierte múltiple, complicando notablemente la monolítica presentación de la imagen de la musa en la lírica tradicional. En principio, la musa en "Misterio: Ven..." se reconoce testigo, chivo expiatorio, y "assistant creator" tanto del poema (Burt, Muse 64) como de una "nueva estirpe" en una doble mediación: la de la musa y la de su amante sobrehumano (el poeta, según la tradición). Por otra parte, la presencia de la musa permite, en criterio de Burt, "give form to Agustini's conscious and unconscious desires," además de la aludida mediación "between Agustini and the superhuman powers she brought forth" (Muse 64). El problema del planteamiento de Burt consiste, sin embargo, en la identificación que establece entre el yo poético de la imaginación de Delmira Agustini y la realidad de la escritora, llevándole a observar en la estrategia de la mediación expiatoria de la musa, una técnica "to help preserve her sanity" al tiempo que muestra "the suggestion of latent schizofrenia" en Agustini (64).

Por el contrario, la presencia de la musa en la poesía de Agustini funciona como un recurso poético elaborado no tanto para escapar la autora de la censura de la crítica "for having created a monster" (Burt, Muse 63), como para intervenir como mediadora en el proceso transgresor de la creación misma que constituye la base de su poesía. Esto no excluye la implicación directa del yo poético, cuya intervención contradice también la presunta estrategia de enmascaramiento que sugiere Burt, según la cual "Agustini seeks to appear as participating only with an incidental role" (Muse 63). En todo caso, la propuesta poética de Delmira Agustini va más allá de identificaciones extratextuales y biográficas que intercambian

---

de la idea (verdad divina) en el "Cántico Espiritual" de San Juan de la Cruz, verdad divina que en la tradición neoplatónica del Renacimiento cobra forma de mujer, como también sucede en la leyenda "Los ojos verdes" de Bécquer, en donde la "fuente" proyecta la forma femenina como encarnación de una verdad "superior," reconocida como mera ilusión: "Fuegos fatuos" (*Rimas. Leyendas escogidas*. Ed. Rubén Benítez. Madrid: Clásicos Taurus, 1990, 153). Para un original análisis de "Los ojos verdes," véase: Irene Mizrahi. *La poética dialógica de Bécquer*. Amsterdam-Atlanta, GA: Rodopi, 1998, 41-59.

vivencia y poema.

A pesar de tales errores en atribuir motivos, errores frecuentes en las aproximaciones críticas a la obra de Delmira Agustini, Burt acierta al anotar el carácter ilusorio de "la musa" de Agustini, carácter que intensifica la calidad inalcanzable de la Ilusión última de que "la musa" es mediadora. También son válidas las referencias del crítico a la función de la musa como *reflejo* del yo del poema, que no de la persona de Agustini.[14] En este sentido, el reflejo retoma la apreciación ofélica estudiada más arriba, adquiriendo valor de trascendencia en sí mismo. Ejemplo significativo de esta función de reflejo es el poema quizás más confesional de la autora uruguaya, ya desde el título, "Íntima" (139-40).

"El milagro inefable del reflejo...," definido como tal en el poema "Intima" (18), superará toda mediación para incorporar el yo poético a la imagen misma. Es decir, el reflejo no existe ahora como autoproyección sino como entidad *per se*, en un paralelismo ofélico al que se aludió con anterioridad. De este modo, la hablante, como Ofelia en la apreciación de Eymard, se constituye en reflejo y no en la ilusión suicida del mismo. Hacia tal reflejo se proyecta el amado, creado a su vez por la imaginación del yo lírico, conformando, por lo mismo, una inversión de la (auto)proyección: "En el silencio de la noche mi alma / Llega a la tuya como un gran espejo" ("Íntima" 19-21).

Según se estudió a propósito de la visión ofélica, con frecuencia el espacio de la creación poética suele producirse implícita o explícitamente desde el "lecho" en que sueña el yo lírico de la estética de Agustini. La posición de la hablante es casi siempre horizontal, y la superficie sobre la que yace suele tener connotaciones líquidas. En el poema "Intima," la superficie desde la que sueña la hablante, y que se insinúa página donde se concibe el amante o Ideal, se asocia también a la muerte y al "silencio":

> Imagina el amor que habré soñado
> En la tumba glacial de mi silencio!
> Más grande que la vida, más que el sueño,
> Bajo el azur sin fin se siente preso.
>
> Imagina el amor, amor que busca
> Vida imposible, vida sobrehumana (22-26)

---

[14]   En cualquier caso, si se deciden establecer ciertas asociaciones entre ambas entidades (el "yo" poético o "la poeta" por un lado, y la individualidad de Delmira Agustini por otro), éstas deben observarse con cuidado, manteniendo un grado de especulación que desestime cualquier afirmación de intercambiabilidad.

Desde el lecho de la imaginación lírica, la poeta expresa hacia el principio del poema su apertura al tú lírico, actitud que enfatiza la connotación sexual en los último versos del poema:

> Hoy abriré a tu alma el gran misterio;
> Tu alma es capaz de penetrar en mí. (9-10)
>
> ....
>
> Como una flor nocturna allá en la sombra
> Yo abriré dulcemente para ti. (47-48)

El "tú" se presenta en el poema como entidad celeste, magna e insondable como el lago o mar de que es reflejo y del que, por lo tanto, el yo poético es eje especular en su condición de creadora. El sentido que adquiere aquí el espejo es el de "luna," símbolo asociado a lo "femenino" ("reflejante y pasiva" -Cirlot 195-), como lo es también el agua (naturaleza, génesis), o la posición tradicional de la mujer respecto a la proyección de los deseos del hombre: "Mi alma es frente a tu alma como el mar frente al cielo" ("Desde lejos" 11), "Hoy abriré a tu alma el gran misterio; / Tu alma es capaz de penetrar en mí" ("Intima" 9-10).

Sin embargo, la relación especular de la que la poeta es eje resulta intercambiable, con lo que se subvierte la imagen tradicional de los roles femenino (pasivo-reflejante), y masculino (activo-reflejado): "Como un gran horizonte aurisolado / O una playa de luz se abrió tu alma" ("Intima" 31-32); "Yo te abro el alma como un cielo azul" ("La copa de amor" 16). La intercambiabilidad entre el tú reflejado y el yo reflejante permite igualar las dos esferas abisales que se proyectan recíprocamente y que conjugan su dialéctica en el yo del poema: "Y mi vida en un éxtasis dulcemente yacía / Como un gran lago límpido que reflejara el cielo" ("Mis ídolos" 26-27).

En último término, el reflejo es expresión de una búsqueda, de un deseo de transcendencia que consiste en acceder a lo Sublime, entidad que la imaginación poética encarna en el amante supremo: "Estrechar vivo, radiante / El Imposible! La ilusión vivida!" ("Intima" 33-34). Esa búsqueda remite al deseo esencial de conocimiento (sexual, poético) que caracteriza la obra de Delmira Agustini, y que también refiere a otro aspecto de la simbología del espejo, aquel de "puerta por la cual el alma puede disociarse y 'pasar' al otro lado" (Cirlot 195).

Como enfatiza el poema "Racha de cumbres" (82-83), en el vértice que conjuga universos ("Abajo lo insondable, arriba lo infinito" 10), "se levanta la Idea" (28). Esta es la proyección última de una obra compleja cuyos planteamientos se esbozan en el primer volumen poético de Delmira Agustini.

MARCOS DE INDEFINICIÓN: LA ESTATUA, LA TARDE

Si la proyección especular contiene en sí misma la capacidad de trascendencia poética, otros recursos de la estética de Agustini contienen también la potencialidad de acceder por sí mismos a la elusiva otredad. Es el caso de las ya mencionadas imágenes de la "estatua," la "tarde pálida" y especialmente la "musa gris," en las cuales tanto la indefinición que las caracteriza, como las insinuaciones a la fragilidad que asimismo plantean, determinan valores transitorios hacia la Visión poética.

Por una parte, *la estatua* contiene en la perfección de su forma el potencial humano que transciende a lo superior. Por lo mismo, los valores que caracterizan a las estatuas vienen determinados por dicotomías esenciales, como las de humanidad/divinidad, sumisión/altivez. Esta última dicotomía se reconoce en el poema "La estatua" (78): "¡Miradla así -¡de hinojos!- en augusta / Calma imponer la desnudez que asusta!..." (9-10).

Al mismo tiempo, la estatua es susceptible de manipulación por el "escalpelo" del yo lírico: "Hoy mi escalpelo sin piedad lastima / La vena azul de la Verdad desnuda!" ("El austero" 79, 3-4). De igual forma había sido manipulada la imagen de la musa-muñeca que la poeta viste y calza, en una alusión a la creación poética: "Yo peinéla y vestíla sus parisinas galas" ([Sin título] 98, 12).

No obstante, la atribución a la estatua ante la cual se supedita la hablante y que se impondrá en poemarios posteriores, es la atribución que alude a la "estirpe sobrehumana." Esta imagen superior y divina se asocia, en ocasiones, directamente a Cristo: "Allá en Bethleem, un día legendario y divino, / Yo vi nacer al niño de estirpe sobrehumana. /. . ./ Era mi Dios!" ("Noche de reyes" 73, 5-6, 11). Ese dios sobrehumano y de mirada cegadora que se asocia al Ideal, constituye con frecuencia el fundamento de las ansiedades transcendentes del yo poético en la estética de la autora.

La prioridad que otorga el yo lírico a la cualidad suprema de la estatua destaca en el poema "Mis ídolos" (132-34). En este poema, "las frágiles monstruosidades" (44) de los ídolos personales de la hablante se quiebran ante la entidad que exhibe "Los sellos indelebles de una estirpe celeste..." (46). El yo lírico privilegia entonces el potencial que el carácter de transición de la estatua inspira, transición donde converge la dicotomía esencial del espíritu y la materia. Como reflejo de tal duplicidad entre espíritu y materia también el yo se entrega, tanto en alma como en carne, al ídolo nuevo: "Y ofrendé al nuevo dios mi corazón que abría / Como una flor de sangre de amor y de armonía. / ¡Y le adoré con ansias y le adoré con llanto!" (61-63).

De forma complementaria, y en la línea más habitual de *El libro blanco*, la estatua sirve como recurso de expresión de una poética cuyas variantes tienden a defender la naturalidad y el verso libre: "El mar no quiere diques, quiere playas! / Así la Idea cuando surca el verso" ("Rebelión" 75, 24-25). Según esto, el poder del Pensamiento "libre" y "entero" se asocia a un dios:

> La rima es el tirano empurpurado,
> Es el estigma del esclavo, el grillo
> Que acongoja la marcha de la Idea.
> ¡No aleguéis que es de oro! ¡El Pensamiento
> No se esclaviza a un vil cascabeleo!
> Ha de ser libre de escalar las cumbres,
> Entero como un dios, la crin revuelta
>
> ("Rebelión" 1-7)

Del mismo modo, en el poema "Al vuelo" (84-85) se privilegia la "totalidad" del alma frente al "pretexto" de la forma, en un tema frecuente en la estética del período que empieza a distanciarse de ciertos excesos del movimiento modernista. Resulta sintomática, sin embargo, la utilización en "Al vuelo" de imágenes de mujer, entre las cuales el yo lírico privilegia la "hilandera," esto es, la mujer creadora, frente a las imágenes del cuerpo femenino o símbolo-fetiche de la poesía tradicional:

> La forma es un pretexto, el alma todo!
> La esencia es alma. -Comprendéis mi norma?
> Forma es materia, la materia lodo,
> La esencia vida. Desdeñad la forma!
> . . . .

-Frente a la Venus clásica de Milo
Sueño una estatua de mujer muy fea
Oponiendo al desnudo de la dea
Luz de virtudes y montañas de hilo!- (1-4, 13-16)

Sin embargo, una vez el ensueño se extingue, es decir, cuando se advierte el valor de construcción imaginaria de la estatua, lo que resta es "el mármol frío de delirios" ("El Austero" 9). Se trata de la misma ilusión –residuos de muñeca- que quedaba, en "El poeta y la ilusión," de la imagen de la musa-hermana creada por el ensueño de la hablante: "Un falso rubí muy rojo y un falso rizo muy rubio" (14). Además de los registros paródicos apuntados con anterioridad a propósito de "El poeta y la ilusión," los últimos versos del poema "Al vuelo" parecen implicar cierto comentario y denuncia a la forzada mudez a que debía someterse la mujer en la realidad finisecular, en contraste con la creación liberadora (nocturna, latente, secreta) de la escritora modernista.

Por su parte, las resonancias o "ecos" que caracterizan el fenómeno transitorio de "la tarde," con sus variantes de "otoño" y de "ensueño," participan también de un sentimiento de provisionalidad e indecisión asociable a los conceptos que desarrolla el español José Ortega y Gasset a propósito del fenómeno de la tarde respecto al marco de un cuadro (55). De hecho, podrían concebirse los estadios propuestos de transición en la estética de Delmira Agustini ("estatua," "musa gris," "tarde") como marcos poéticos de indefinición hacia la visión poética que representaría el cuadro. El marco, como los elementos mencionados de la estética de Delmira, simbolizaría entonces la mediación entre lo real (que asocia Ortega al "muro") y lo imaginario (asociado al "cuadro" o al poema): "Frontera de ambas regiones, [el marco] sirve para neutralizar una breve faja de muro y actúa como trampolín que lanza nuestra atención a la dimensión legendaria de la isla estética [el cuadro]" (Ortega y Gasset 59).

Del mismo modo, la ambivalencia de las tres expresiones poéticas de marco visionario en la autora uruguaya, llega a neutralizar su cualidad transitoria para concentrar la atención en la función latente o potencial de dichas imágenes. En otras palabras, las imágenes de la "estatua," "la tarde," "la musa gris" en Agustini, al igual que el marco en la percepción de Ortega y Gasset, importan finalmente en sí mismas, en su condición de latencia visionaria. Esta función se explicita en determinados títulos de poemas de Agustini como "Visión de otoño." El marco pasa entonces a ser el centro de la mirada poética y no únicamente su mediación. Es por esto que los recursos mencionados adquieren importancia trascendente en sí mismos, incorporando su propia imaginería poética, invadiendo el fenómeno de que son intermediarios, ya desde el título (otra forma de marco contenedor): "La estatua," "Tarde pálida," "Mi musa triste," "Mi musa gris."

La duplicidad en la indefinición del marco, -en su sentido de metáfora de transición,- se intensifica en los fenómenos de la "tarde" o del "otoño," y de forma más compleja en el "ensueño." Por lo mismo, cuando aparecen estos recursos en la estética de Agustini, se insiste en su función evocadora, en el "residuo" de que son meras expresiones, esto es, en el "deseo" en que su función se extingue: "Pasó... flotó una helada sensación de misterio, / Un olor de violeta y... se perdió a lo lejos" ("Visión de otoño" 15-16).

La culminación del marco visionario, inherente a la dicotomía misma de la combinación blanco-negro, vendrá configurada por la imagen de "la musa gris."

LA MUSA GRIS

La *musa gris* encarna en sí misma el ideal ascético de desprendimiento de la materia, ideal del que participa el simbolismo del color blanco:

> Es blanca y es honda, muy honda y muy blanca
> -¡Solemne, tremenda blancura de cirio!-
> Con grises ojeras tal rubras de muerte,
> Con gestos muy lentos, muy lentos, muy místicos.

> ("La musa gris" 90-91, 1-4)

La frágil y ojerosa "musa gris" incorpora en sí misma el acceso imposible a la totalidad, la ansiedad del deseo tanto sexual como ontológico: "Sus labios profesan el beso más triste, / El que hunden los hombres en bocas de muertes" ("La musa gris" 13-14). Variante de la "musa gris" es la imagen de la "musa triste": "Horizontes violados sus ojeras. / Dentro sus ojos -dos estrellas de ámbar-" ("Mi musa triste" 17-18). La "musa gris" se asocia también a la cualidad enfermiza atribuida a "la luna," que asimismo representa el vértigo del deseo: "La luna es pálida

y triste, la luna es exangüe y yerta /. . . . Locos que mueren besando su
imagen en lagos yertos..." ("Al claro de luna" 1, 11).

Las polaridades esenciales de blanco/negro, espíritu/materia,
convergen una vez más en el espacio intermedio, en lo "gris," que combina
los componentes contrapuestos del universo de ansiedades del yo lírico:

> Yo adoro esa musa, la musa suprema,
> Del alma y los ojos color de ceniza,
> La musa que canta blancuras opacas,
> Y el gris que es el fondo del hombre y la vida!

("La musa gris" 29-32)

En el poema "Evocación" (112-14), el yo lírico afirma su
preferencia por la dimensión frágil y enfermiza, desde un campo
semántico que privilegia lo "leve," lo "incorpóreo," o "el delirio":
"Vengan ahora mis fantasmas tétricos, / De ojos cansados como enfermas
almas; / Los de las hondas, lívidas ojeras" (13-15).

En el citado poema, la combinación de opuestos inherente al
espacio intermedio de lo "gris," se sugiere también en los contrastes de las
visiones evocadas: "Las que en las ondas negras de sus rizos / Tejen
espumas de camelias blancas!" (11-12). También se advierte dicha
dicotomía en la alusión al "reino" que evoca la hablante desde el ensueño:
"Donde hay estrellas de fulgores negros, / Donde hay abismos de
gargantas blancas!" (37-38). Es por esto que la mediación mística de la
musa gris, calificada de "suprema" en el poema "La musa gris" (29) -en
una analogía con el ideal sobrehumano,- implica necesariamente vestigios
divinos. No obstante, la musa gris mantiene sistemáticamente la
indefinición del misterio y el estadio transitorio: "Y hasta las almas más
negras toman claroles inciertos!" ("Al claro de luna" 14).

La "musa gris" se asocia, en definitiva, a una cualidad de
iniciación o "passage" que apunta una vez más al discurso ofélico pero
también al ideal femenino de pureza comentado con anterioridad, ideal que
Bram Dijkstra define como "sublime tubercular emaciation" (29). La
sublimación escuálida y enfermiza coincide en la estética de Agustini con
un locus de transición visionaria cuya vulnerabilidad y fugacidad se diluye
ante el contacto real. Del mismo modo se habían desvanecido en otros
poemas la Idea, la Ilusión, o la insinuación de la estirpe sobrehumana:

> Mas basta una mirada, un roce apenas,

El eco acaso de una voz profana,
Y el alma blanca y limpia retrocede
Como una flor de luz que se cerrara!

("Mi musa triste" 39-42)

Sexualidad y fragilidad parecen convergen entonces en la imaginación erótica, que como el deseo de ser o el deseo de la Palabra, se agota en sí misma: "nada más real que este cuerpo que imagino, nada menos real que este cuerpo que toco," afirma Octavio Paz (Signos 189). Como indica este escritor en su ensayo sobre "El *más allá* erótico," con el humo de la visión desvanecida por el contacto de la realidad "mi deseo inventará otro cuerpo" (Signos 189), creará otra imagen y, finalmente, volverá sus formas transparentes hacia un "más allá" que trascienda al yo, que supere el lastre de la Palabra y acceda a lo Sublime. Este deseo último se reconoce en la estética de Delmira Agustini, deseo que coincide con una experiencia mística/sexual que culmina en la "via negativa." La crítica norteamericana Susan Sontag asocia este proceso al arte moderno:

> As the activity of the mystic must end in a *via negativa*, a theology of God's abscence, a craving for the cloud of unknowing beyond knowledge and for the silence beyond speech, so art must tend toward anti-art, the elimination of the "subject" (the "object," the "image"), the substitution of chance for intention, and the pursuit of silence. (Sontag, Silence 4-5)

Las imágenes de la fragilidad en el primer libro de Delmira Agustini parecen responder entonces a la estética del silencio que informa el arte moderno. Según Susan Sontag, el arte moderno constituye un ejercicio ascético de renunciación y silencio, un arte enfermo, de espacios periféricos, "emptiness and reduction" (Silence 12-13) en una estética que privilegia el escrutinio sobre la contemplación (Silence 16). Delmira Agustini responde a estos criterios ya desde el (sub)título de su primera obra, *(Frágil)*, y también desde el prólogo de Manuel Medina Betancort que textualiza, una vez más, a la propia autora:

> Una mañana de Setiembre, hace cuatro años, golpeó a la puerta de mi cuarto de trabajo en la revista La Alborada, una niña de quince años, rubia y azul, ligera, casi sobrehumana, suave y quebradiza como un ángel encarnado. . . . Las palabras sonaron en los oídos suavemente, menudas, cristalinas, *como si apenas las tocara para decirlas.* (PC 65, énfasis mío)

Las imágenes que inventan a Delmira Agustini, -mujer en absoluto frágil y de extraordinaria presencia poética,- se asocian así a aquellas creadas por la imaginación de la escritora uruguaya y que podrían vincularse a la estética de la reducción del arte moderno. La estética del silencio se reconoce, entre otros niveles poéticos, en el recurso de la "musa triste," quien provoca transformaciones que alcanzan la total anulación: "y todo! hasta el silencio, calla..." (10). Asimismo, "la musa gris" reproduce una mirada escrutadora, no contemplativa:

> Su helante mirada sin fin, de vidente,
> Mirada invencible de esfinje y de estatua,
> Evoca crispantes abismos sin fondo,
> Monstruosos misterios de muda amenaza. (17-20)

Como afirma Susan Sontag, "traditional art invites a look. Art that is silent engenders a stare" (Silence 16). Pero el sujeto de la fijación ocular en el poema de Agustini no es el que observa la obra de arte/poema, sino el creado por la otra mirada escrutadora, esto es, la mirada de la imaginación de Delmira Agustini que transformará el yo poético de sus próximos libros en visionario.

En la obra inmediata de la autora uruguaya, el intercambio especular entre la imaginación creadora y el sujeto poético culmina en la aniquilación de toda mediación. Esta aniquilación dará lugar a cierta personalización de lo que llama Susan Sontag "non-interfering vision" (Silence 16) y que Agustini articula principalmente mediante metáforas sexuales en las que el yo lírico femenino se implicará de forma directa y provocativa. Las imágenes de la fragilidad propias del discurso ofélico presentado en LB serán desplazadas entonces por imágenes de fragmentación y de decapitación que articulan un discurso inspirado implícitamente en el mito de Orfeo.

En *El libro blanco (Frágil)*, la fragilidad constituye, en definitiva, mero contrapunto de un titanismo que supera la fascinación tradicional por "la luna pálida" para en último término privilegiar la carnalidad de "la rosa recién abierta" ("Al claro de luna" 4). No obstante, la imagen re-visada de la luna se impondrá finalmente, constatando con ello la función principalmente metapoética (*autorreflexiva*) de este primer poemario:

> La media luna figúraseme un suave perfil de muerta...
>   Yo que prefiero a la insigne palidez encarecida
> De todas las perlas árabes, la rosa recién abierta

En un rincón del terruño con el color de la vida,
Adoro esa luna pálida, adoro esa faz de muerta!

("Al claro de luna" 2-6)

En la estética de LB, la figura implícita de Ofelia pervive entonces en su propio reflejo. Desde ese reflejo el yo poético de Agustini inventa y crea a través de la mirada de su imaginación, desde las mismas aguas del subconsciente que transportarán la cabeza de Orfeo.

III

UNIDAD Y FRAGMENTO EN *LOS CÁLICES VACÍOS*

Dos poemas previos

Por eso canta, hasta exhalar el alma en una queja
Madame Pompadour

En 1910 Delmira Agustini publica su segundo libro de poemas, *Cantos de la mañana* (CM). Tres años más tarde, el citado volumen volverá a publicarse formando parte de la tercera entrega de la autora, *Los cálices vacíos* (CV). En *Los cálices vacíos* se reúnen entonces tanto los textos de *Cantos de la mañana* como la colección de poemas homónima del libro, "Los cálices vacíos" ("CV"), además de una selección de poemas de su primera producción, *El libro blanco* (1907) (LB).

La íntegra incorporación de CM en CV parece responder a una voluntad unitaria por parte de la autora que contradice la frecuente asociación de CM al primer período poético de Agustini, el integrado principalmente por LB. El comentario de Pérez y Curis en el prólogo a la edición de CM ha fomentado este criterio:

> La lectura de estos cantos coleccionados precipitadamente y sin previo examen, dirá al lector cuál ha sido hasta hoy la modalidad de la elocuente poetisa, ya que ella, antes de iniciar una nueva etapa literaria, ha querido dar al público, a manera de ofrenda, la última floración de su primer ciclo artístico. (153)

Esta opinión ha sido respaldada por diversos estudios, si bien la poética del segundo volumen de Delmira Agustini se aproxima más a la de las producciones inmediatas que al de los poemas de LB. Nydia I. Renfrew apoya este último criterio. Renfrew distingue en la obra de Agustini entre un primer período estructural o de "Visión tranquila" que correspondería a

LB, y un segundo período de "Visión violenta" que se iniciaría en los tres últimos poemas de LB y que se desarrolla en la producción posterior (CM, "CV"). Miguel de Unamuno, en sus comentarios a CM editados al final de CV, percibe también inmediatas diferencias entre el primer y segundo volumen de la obra de Agustini. A propósito de LB, Unamuno anota tras leer las primeras composiciones: "No tienen la intensidad ni la intimidad de las de su otro libro [CM]. Ha progresado Ud.; es decir, ha vivido" (244).

Por su parte, Sidonia Carmen Rosenbaum amplía las clasificaciones de la producción de Agustini señalando cuatro fases. La segunda fase unificaría LB y CM por considerarlas Rosenbaum "'within the norms' -esthetically and morally" (69). La tercera fase, que Rosenbaum considera desbordada a Eros y a la que refiere afirmaciones como la que cita de Suárez Calimanos: "floración de una poesía de caso clínico," vendría integrada por "CV." En la fase final permanecería la obra posterior, calificada por Rosenbaum como "the most obscure, the most baroque" (69), entre otros superlativos referidos a una obra que requiere especial aproximación dada su condición póstuma.

Como en la propuesta de Rosenbaum, el criterio de Emir Rodríguez Monegal sobre la obra de Agustini incorpora también arbitrarias consideraciones vivenciales y prejuicios socioculturales. El crítico observa en la obra global de la uruguaya una evolución de "aventura erótica" (46) a modo de desenmascaramiento progresivo de la "Nena" hacia la "Pitonisa" y mujer (63) que culmina en "CV."

La ambigüedad en los criterios de clasificación se mantiene en las palabras de la propia Delmira, escritas "Al lector" y aparecidas a modo de epílogo en CV:

> Actualmente preparo *Los astros del abismo.*
> Al incluir en el presente volumen -segunda edición de *Cantos de la mañana* y de parte de *El libro blanco*- estas poesías nuevas, no he perjudicado en nada la integridad de mi libro futuro. Él deberá de ser la cúpula de mi obra.
> Y me seduce el declarar que si mis anteriores libros han sido sinceros y poco meditados, estos *Cálices vacíos*, surgidos en un bello momento hiperestético, constituyen el más sincero, el menos meditado...
> Y el más querido. (240)

En cualquier caso, parece persistir una voluntad unitaria que se intensifica en los temas explorados en los libros CM y "CV." La unidad poética se establece mediante el principio de la fragmentación que viene determinado por dos grupos principales de imágenes que se complementan. Por una parte, las imágenes del cuerpo y por otra las imágenes de contención o de cáliz. Si el fragmento del cuerpo contiene la totalidad por sinécdoque, las frecuentes metáforas que aluden a la contención o receptáculo expresan la aspiración a la unidad tanto sexual como espiritual y creativa que estructura la obra de Delmira.

Esta recurrencia en las imágenes de la fragmentación que unifica temáticamente la compilación CV difiere de la heterogenidad temática y menor audacia metafórica de LB. En el presente capítulo pretendo detenerme en el principio de la fragmentación en la estética de Agustini, al tiempo que propongo la figura de Orfeo como implícita referencia estructural en el segundo período de la obra de la autora, esto es, el integrado principalmente por CV. La estructura en función de lo que denomino "discurso órfico" difiere del "discurso ofélico" que dominaba los textos de LB, en los que destacaban las referencias a las imágenes de fragilidad y trascendencia asociables al mito de Ofelia. El discurso órfico, por el contrario, viene determinado por imágenes de desmembramiento, decapitación y también iniciación en los misterios de la experiencia poética, elementos que serán rastreados en el análisis de los textos que inician las dos series de CV.

"FRAGMENTOS"

El poema "Fragmentos" con que se inicia CM (155-56), muestra desde el título la prioridad dada al principio de la fragmentación, principio que funciona como elemento unitario de la compilación CV. El fragmento aparece en la estética de Agustini como valor en sí mismo, pero también en una función de sinécdoque que alude a la totalidad a que tiende la hablante del poema. Esta alusión, impregnada de componentes sexuales, replanteará al mismo tiempo las nociones de modernidad y postmodernidad desde la condición misma de mujer de la autora uruguaya.

"Fragmentos" consta de cinco estrofas de versos octosílabos que aparecen divididas en un primer grupo de tres estrofas y un segundo grupo de dos estrofas. La fragmentación tipográfica del poema se enfatiza mediante la inserción de puntos suspensivos con que se inicia y concluye el poema.

En el primer grupo de estrofas, el yo poético exalta su condición de recipiente y síntesis de una variedad de voces o ascendencias étnicas de las que la hablante constituye el centro. Las imágenes de recipiente o "cáliz" con que se asocia la hablante (flor, vaso, fanal), imágenes asimismo vinculadas a lo femenino o vaginal, participan en la primera estrofa de referentes concretos y de asociaciones a la naturaleza y al cuerpo (simiente, flor, corazón, sangre):

> ¿De qué andaluza simiente
> Brotó pomposa y ardiente
> La flor de mi corazón?
> Mi musa es bruna e hispana,
> Mi sangre es sangre gitana
> En rubio vaso teutón.   (1-6)

La imagen de "la flor de mi corazón" del tercer verso encapsula la noción de totalidad con que se identifica la hablante, por simbolizar tanto "la flor" como "el corazón" el principio de unidad y centro. En la simbología tradicional, la forma de la flor representa la "imagen arquetípica del alma" (Cirlot 205), y el corazón el punto intermedio de la configuración vertical del ser: cabeza, corazón, sexo (Cirlot 145). Al mismo tiempo, en el corazón convergen los opuestos esenciales de alma y cuerpo, espíritu y materia, arte y naturaleza, si bien la tradición ha dado prioridad a la referencia del corazón a lo apolíneo o espiritual sobre lo dionisiaco o material y carnal. Esta tendencia se registra también en la trayectoria del poema "Fragmentos." Las imágenes inmediatas del texto incidirán en un campo semántico de la abstracción, que se indica en el segundo sexteto mediante metáforas mentales asociadas a la "luz." No obstante, ciertas implicaciones corporales complementan y confieren tangibilidad a lo abstracto:

> Mi alma, fanal de sabios
> Ciegos de luz, en sus labios
> -Una chispa de arrebol-
> Puede recoger el fuego
> De toda la vida y luego,
> ¡Todas las llamas del Sol!   (7-12)

El tercer sexteto combina las configuraciones previas en un tejido de referencias al arte lírico tanto poético como musical (13-18). Las insinuaciones de circularidad y centro se mantienen en esta estrofa, particularmente las de continente-cáliz con capacidades (aspiraciones) titánicas: "¡Alma que cabe en un verso / mejor que en un universo!" (13-14).

Los grupos de imágenes desarrollados en el texto, grupos que alternan las bimembraciones corazón-cuerpo, mente-luz, y que participan también de la combinación cromática amarillo-rojo, convergen en el cuarto sexteto: "Mi sol es tu sol ausente; / Yo soy la brasa candente / De un gran clavel de pasión" (19-21). En la convergencia se refleja la dialéctica entre el "yo" y el "tú," nueva bimembración que distingue al segundo grupo de estrofas, aludiendo el "tú" posiblemente al poeta español a quien va dedicado el poema "Fragmentos." El "tú" es ahora identificado y asimilado al "yo" que sirvió de unificador de fragmentos y polifonías en la primera parte: "¡Todo el fuego de tu España / Calienta mi corazón!" (23-24).

Las alusiones implícitas al mito de Orfeo insinuadas en el poema mediante referencias a la música, al verso, al titanismo divino de la hablante, mantienen cierta ambivalencia en las resonancias finales del texto que insinúan el desmembramiento del poeta:

> La plebe es ciega, inconsciente;
> Tu verso caerá en su frente
> Como un astro en un testuz;
> mas tiene impulsos brutales,
> ¡Y un choque de pedernales
> A veces hace la luz!
> . . . .   (25-30)

Según la mitología clásica, el poeta y cantor Orfeo, oficiante de Apolo, fue desmembrado por las bacantes, oficiantes de Dionisos y representantes de la irracionalidad y de la Naturaleza, por negarse el divino poeta a ejecutar su música tras su regreso del Hades.[1] La última estrofa de "Fragmentos" podría apelar a esta secuencia, si bien esa posible transferencia del mito de Orfeo ofrece variantes en el texto de Agustini. A diferencia de la secuencia mítica, el poema registra la posibilidad de la valoración del canto del poeta como resultado ocasional de la síntesis de lo

---

[1]   Esta es una de las muchas versiones de la muerte de Orfeo. Para una síntesis de la trayectoria del mito véase Pierre Grimal (391-93). La referencia a Orfeo que utilizo responde a la lectura propuesta por el teórico de la postmodernidad, Ihab Hassan.

múltiple o fragmentario por un lado (asociado a la inconsciencia y a la Naturaleza que representan la plebe-bacantes) y de la totalidad del Arte o lo "Sublime" por otro (asociado a la/el poeta y al poema): "¡Y un choque de pedernales / A veces hace la luz!" (29-30).

Como se ha señalado con anterioridad, la lectura órfica podría inicialmente asociar la figura de Orfeo al poeta a quien va dirigido el texto en el epígrafe de la edición de CM en CV: "A un poeta español." Sin embargo, tal entidad se disgrega al ser absorbida por el yo divinizado de la imaginación de Delmira Agustini, entidad femenina de cualidades titánicas que complica las fosilizaciones de la tradición crítica y estética. Entre las instancias que cuestiona la poética de Agustini se encuentran las nociones de "modernidad" (período al que se asocia la autora) y "postmodernidad" (período asociado a Orfeo y al principio de la fragmentación).

El poema "Fragmentos" reflejaría entonces la aspiración "moderna" a la unidad esencial, a lo Sublime, mediante el recurso "postmoderno" del fragmento. Por una parte, el fragmento contiene la potencialidad de totalizarse por su tendencia a la unidad. Por otra, en su calidad de "diferendo," según terminología de Jean François Lyotard (Postmodernidad 21), el fragmento es susceptible de contener en sí mismo lo múltiple, lo dicotómico. Sin embargo, esta doble capacidad del "fragmento" permanece en el estadio irresuelto de deseo, de *cáliz vacío* que aspira permanentemente a la Totalidad. Esta aspiración a lo absoluto participa de la instancia "moderna" en la que se carnaliza la nostalgia hegeliana "del todo y de lo uno," según la lectura de Lyotard a que podría asociarse la estética y el período de nuestra escritora. En cualquier caso, Delmira complica las clasificaciones en su condición peculiar de mujer-poeta en los umbrales de la "postmodernidad," ya desde la prioridad dada al fragmento en el título mismo del primer poema de CM, en el que se enfatiza la multiplicidad por el uso del plural: "Fragmentos." Este cuestionamiento de conceptos seguirá planteándose en los poemas de Agustini, como se rastrea en los textos que prologan las series de CV.

"OFRENDANDO EL LIBRO. 'A EROS'"

La sección de poemas de CV homónima del libro, "Los cálices vacíos," se inicia con un poema de ofrenda "A Eros" (199) que aparece tras dos umbrales previos. Ambos textos señalan la prioridad dada al fragmento tanto en la estética de Agustini, en la que dominan transgresoras imágenes sexuales, como en la recepción de la propia autora entre los autores modernistas que con frecuencia aplicaron a Delmira metáforas atribuidas a lo angelical y lo frágil.

El primer umbral de la serie "CV" consiste en un poema sin título escrito en francés (197), que se eliminó en las ediciones póstumas, y que establece cierto diálogo con la obra de Baudelaire. El poema consta de dos cuartetos dodecasílabos en los que el yo poético se "desnuda" -en una actitud de exhibicionista- para mostrar(nos) "l'envers de mon manteau" (2). "L'envers" o reverso carnal de la hablante refiere a una duplicidad que también se refleja en las estructuras polares del texto: "Il donne des lys blancs à mes roses de flamme / Et des bandeaux de calme à mon front délirant..." (5-6). De este modo, el yo lírico nos muestra en el poema, si utilizamos términos fotográficos, el *negativo* o imagen expuesta a la "luz" que podría asociarse al amante magnífico, revelado en que predomina el color negro. En las connotaciones del color negro se registran, asimismo, alusiones a lo siniestro y al vampiro: "Son mouchoir infini, son mouchoir noir et noir / Trait à trait, doucement, boira toutes mes larmes" (3-4). Hacia el tú evocado se proyecta la hablante en una expectativa redentora por el enlace espiritual ("l'âme") y carnal ("le corps"): ".... Il aura pour moi l'âme / Claire et le corps profond d'un magnifique amant" (7-8). En tal aspiración o deseo titánico concluye el poema, a modo de indicación del espacio intermedio de la dialéctica entre el "yo" y el "tú" que estructura el texto.

Precede al poema el "Pórtico" de Rubén Darío (198), ejemplo de un nivel socioliterario de "fragmentación" que afecta a la recepción de los textos de Agustini y de la propia autora en el período modernista. De forma paternalista, el poeta nicaragüense califica a Delmira de "niña bella," y alude a la excepcionalidad de la escritora que compara a Santa Teresa: "Y es la primera vez en que en lengua castellana aparece un alma femenina en el orgullo de la verdad de su inocencia y de su amor, a no ser santa Teresa en su exaltación divina." La comparación de Delmira con Santa Teresa ha sido apuntada por diversos críticos como Alberto Zum Felde; no obstante, el énfasis de Darío en la condición excepcional de Delmira resulta problemático: "por ser muy mujer, dice cosas exquisitas que nunca se han dicho," anota el autor en el citado "Pórtico." Si, por un lado, parece acertado señalar el enriquecimiento de la tradición por la implicación del género femenino, por otro resulta limitado desatender las importantes contribuciones femeninas a la lírica hispánica. Por otra parte, resulta significativo que Rubén defina a Delmira usando las metáforas más típicamente modernistas, metáforas que aparecen también en los versos de la autora: "A veces rosa por lo sonrosado, a veces lirio por lo blanco," señala el autor de *Azul...*

Una vez más, la crítica del período -y aún la moderna- insiste en fragmentar y reducir a las mujeres escritoras a la forma de texto susceptible de escritura por parte de la autoridad masculina. Es decir, las autoras no son consideradas como tales, esto es, como escritoras susceptibles de "autoridad" literaria, sino principalmente como "musas" que inspiran al artista, y que por lo tanto pueden reducirse al papel de objeto y fetiche típicos de la retórica modernista: "Sinceridad, encanto y fantasía, he allí las cualidades de esta deliciosa musa," comenta Darío en su referencia a Delmira. Redundante resulta mencionar que esta percepción que fragmenta sistemáticamente a las escritoras, en absoluto se produce en el análisis de las obras escritas por hombres, como se ha venido apuntando.

El poema "Ofrendando el libro," con el epígrafe inmediato "A Eros," inicia propiamente la sección "Los cálices vacíos." Al igual que el poema "Fragmentos," "Ofrendando el libro" aparece dividido en cinco secciones formadas ahora por cuatro tercetos endecasílabos y un verso aislado. La adversativa "Porque" con que se inicia cada estrofa pretende justificar temáticamente la ofrenda al dios Eros:

> Porque haces tu can de la leona
> Más fuerte de la Vida, y la aprisiona
> La cadena de rosas de tu brazo.
>
> Porque tu cuerpo es la raíz, el lazo
> Esencial de los troncos discordantes   5
> Del placer y el dolor, plantas gigantes.
>
> Porque emerge en tu mano bella y fuerte,
> Como un broche de místicos diamantes
> El más embriagador lis de la Muerte.
>
> Porque sobre el Espacio te diviso,   10
> Puente de luz, perfume y melodía,
> Comunicando infierno y paraíso.
>
> -Con alma fúlgida y carne sombría...

La simetría con que se construyen los versos se refleja también en las imágenes de circularidad y de recipiente con que se identifica a Eros en cada estrofa: "cadena de rosas de tu brazo" (3), "lazo esencial" de "tu cuerpo" (4, 5), "broche" de "tu mano" (7, 8). La circularidad se expresa también por medio de la convergencia de oposiciones esenciales sintetizadas en el dios del Amor: "placer y el dolor" (5), "comunicando infierno y paraíso" (12).

El verso final de ofrenda del yo lírico especifica la combinación de los dos elementos principales, eso es, el del "alma" y el de la "carne": "-Con alma fúlgida y carne sombría..." (13). En ellos convergen también contrastes cromáticos: blanco ("alma fúlgida"), gris ("sombría") y rosa ("carne").

Al mismo tiempo, el dios Eros, agente de la totalidad, aparece desmembrado por la hablante en los tres primeros tercetos: "tu brazo" (I), "tu cuerpo" (II), "tu mano" (III). En el último terceto, el "yo" interviene en interacción con el "tú" desmembrado, pero ahora se alude a los "ojos" mentales de la hablante: "Porque sobre el Espacio *te diviso*" (10, énfasis añadido). El "yo" lírico se impone en el último verso de entrega al dios: "-Con alma fúlgida y carne sombría..." (13).

La combinación de imágenes en el último verso unifica, a su vez, los fragmentos tanto del cuerpo como del espíritu que se habían diseminado en el poema. El comentario al desmembramiento participa también de la reminiscencia órfica, a cuya lectura se añade el principio iniciático asociado a Orfeo. Según la historia clásica, Orfeo fue al Hades para recuperar a su esposa Eurídice. Su regreso de los infiernos dio lugar a los ritos órficos, misterios atribuidos al conocimiento adquirido por Orfeo en su breve estancia en el infierno. Esta vertiente de inciación puede atribuirse al poema "Ofrendando el libro" tanto por su función preambular como iniciática en la aventura poética propuesta por Delmira Agustini en la serie "Los cálices vacíos."

El principio de la fragmentación se impone entonces como elemento de unidad estructural y temático que asimismo cuestiona conceptos socioliterarios que reducen el cuerpo de la escritora modernista a un objeto literario. Delmira Agustini reorienta las metáforas de la fragmentación hacia el poema mismo, en un intento último de autolegitimarse como escritora y como mujer en el declive de la modernidad. Este concepto será desarrollado a lo largo de CV, cuyo preámbulo viene determinado por el principio de la fragmentación en sus primeros textos: "Fragmentos" y "Ofrendando el libro 'A Eros'"

IV

(AUTO)CREACIÓN Y REVISIONISMO EN *LOS CÁLICES VACÍOS*

...ensaya sus trinos arrulladores,
cuando apenas le han florecido las alas.
Madame Pompadour

Como se ha venido desarrollando, el deseo de unidad tanto espiritual como carnal estructura la obra de Delmira Agustini, deseo que apunta a la creación poética. Entre las estrategias que la autora utiliza para referir a la creación poética destacan dos planteamientos en la serie CV.

La primera estrategia presenta el proceso creativo de forma mediatizada o arbitrada por recursos como la intercambiabilidad entre el "yo" femenino y el "tú" amante masculino, un "tú" que se advierte creación del primero. La intercambiabilidad anula finalmente las diferencias para fusionarlas en un mismo discurso. En esta vertiente, la voluntad creadora se registra también en la utilización e implícita corrección de ciertos mitos como el de Pigmalión, siendo ahora la poeta la que esculpe a su propio dios para que, en última instancia, engendre a la hablante.

La segunda estrategia es aquella en la que el acto creativo se presenta de forma directa, sin mediación aparente, a modo de "visión" de la que surge el amante sobrehumano. Sin embargo esa "visión," en la que interviene la dualidad principal de la carne (ojos corporales) y el espíritu (ojos mentales), se produce muchas veces desde el lecho creador de la hablante, y principalmente por el recurso del sueño/ensueño. La posición horizontal y recipiente, que recrea implícitamente la imagen yacente de Ofelia, subvierte su carácter pasivo por la capacidad de engendramiento imaginativo y la formulación del deseo sexual de la hablante. Cuando los ojos se abren se advierte, sin embargo, el valor de construcción tanto del amante inventado como del poema de que es metáfora. En el espacio intermedio entre la visión creada y el "yo" creador se impondrá el "silencio" que informa la estética moderna de la que participa la autora uruguaya.

CREACIÓN ARBITRADA: IMÁGENES DEL CUERPO. ESTRUCTURAS DE INTERCAMBIO. PIGMALIÓN.

Por lo general, las imágenes del cuerpo predominan en CV. No obstante, "CV" las intensifica respecto al grupo CM, como puede advertirse en los títulos de muchos poemas que integran cada serie. En "CV" se apela directamente al cuerpo: "Tu boca," "¡Oh, Tú!," "En tus ojos," "Tres pétalos a tu perfil," "Para tus manos." La presentación en CM es más abstracta: "De "elegías dulces"," "La barca milagrosa," "Un alma," "Fue al pasar."

Sin embargo, como puede advertirse en los títulos apuntados de "CV," se ha producido en CV un importante desplazamiento en la actitud del yo poético. De una exploración personal de autorreferencia que se rastrea en los títulos de LB ("Mi musa gris," "Mis ídolos," "Mi musa triste," "Mi oración"), pasamos en CV a una proyección hacia el "tú" del amado, con el que interacciona el "yo" en un deseo recíproco que concede poder a la hablante en su confianza divina de creadora y de mujer.

Esta forma de representación del cuerpo en los textos de Delmira discrepa de la utilizada con frecuencia por las escritoras. En su estudio sobre la poesía estadounidense escrita por mujeres, Alicia Suskin Ostriker afirma que las autoras suelen utilizar en sus versos con mayor frecuencia que los hombres las imágenes del propio cuerpo para afirmarse y definirse a sí mismas (92). Esto no sucede en la obra de Agustini. En la poesía de Delmira es el cuerpo del "tú" amante lo que explora y celebra la hablante en su propia trascendencia y placer por el intercambio sexual.

El cuerpo de la hablante-mujer que aparece en CV adquiere, por el contrario, connotaciones líquidas que aluden al reflejo a modo de "profundo espejo del deseo" ("CV," "Visión" 2). En ese espejo se proyecta el amante sobrehumano, imagen final de la creación imaginativa por la *visión* del yo lírico. Ojos mentales y oquedad visual de la estatua son otros ejemplos de fragmentaciones metonímicas que configuran el yo lírico, como lo son también las imágenes de continente o receptáculo que culminan en la metáfora principal del "cáliz vacío" que aspira a llenarse. Sin embargo, tanto la condición líquida y de espejo como la connotación receptora vaginal con que se identifica la hablante en los textos de Agustini, subvierte o neutraliza la presunta "pasividad" femenina con que tradicionalmente se han asociado esas imágenes. La subversión se establece mediante una serie de recursos temáticos como la interacción de deseos entre el "yo" y el "tú" en el poema; mediante el poder último engendrador conferido a la hablante; y también a través de alusiones al vampirismo y canibalismo con que se identifica el "yo" y que son cifra de tal poder. Pero el principal recurso desmitificador en la poética de Agustini lo constituye la estructura de intercambiabilidad entre el "yo" y el "tú."

   "Supremo idilio (Boceto de un poema)" (CM 161-64) es un buen ejemplo de esa técnica. El poema muestra progresivamente el desplazamiento en la relación entre el "yo" femenino tradicionalmente asociado a la pasividad, y el "tú" masculino activo, dialéctica trascendida a dicotomías esenciales (blanco/negro, espíritu/carne) que convergen al final del poema.

   Diecisiete quintetos de verso principalmente alejandrino estructuran el poema que se presenta como un canto dialogado entre "Una figura blanca hasta la luz" (3) y "Un cuerpo tenebroso..." (5). Ambas entidades aparecen situadas respectivamente "en" y "bajo" "el balcón romántico de un castillo adormido." El escenario sirve también de marco estructural para el debate amoroso, repitiéndose en la primera (1, 4) y en la última estrofa del poema (81, 84).

   El recurso del ensueño ("castillo adormido") facilita a su vez la visión creada en el texto. Sin embargo, a diferencia de otros poemas en que Agustini utiliza el mismo recurso, la "visión" viene personalizada ahora en la dialéctica entre dos voces que se definen y apelan recíprocamente hasta el punto de fundirse en un mismo discurso. La indicación especular vuelve a reflejar la estructura del poema que reproduce el último verso del primer quinteto, "Alternándose cantan" (5), en el último verso del quinteto final, "dos voces que cantan..." (85):

> En el balcón romántico de un castillo adormido
> Que los ojos suspensos de la noche adiamantan,
> Una figura blanca hasta la luz... Erguido
> Bajo el balcón romántico del castillo adormido,
> Un cuerpo tenebroso... alternándose cantan.   (1-5)

> En el balcón romántico de un castillo adormido
> Que los ojos suspensos de la Noche adiamantan,
> El Silencio y la Sombra se acarician sin ruido...
> Bajo el balcón romántico del castillo dormido
> Un fuerte claro-oscuro y dos voces que cantan.. .(81-85)

Tras la presentación del escenario amoroso y marco estructural del poema, se inicia la dialéctica o idilio entre ambas entidades que se invocan recíprocamente en la segunda y tercera estrofas: "-Oh tú flor augural de una estirpe suprema" (6); "-Oh tú que surges pálido de un gran fondo de enigma" (11). La entidad que representa lo oscuro y satánico, y que viene marcado por el género masculino, se impondrá en las estrofas inmediatas, adoptando un papel activo en relación con la entidad femenina contrapunto de la dialéctica: "Vengo como el vampiro de una noche aterida / A embriagarme de tu sangre nueva: llego a tu vida / Derramada en capullos, como un ceñudo Invierno!" (28-30). Por su parte, la figura supuestamente pasiva se había presentado como portadora de la "sangre nueva," como gloria de la "estirpe sobrehumana," originada en "Suprema-Mente," apelación frecuente en la estética de Agustini que connota el poder engendrador del yo lírico: "Nata de azules sangres, aurisolar diadema / Florecida en las sienes de la Raza... ¡Suprema- / Mente puso en la noche tu corazón en calma!" (8-10).

Sin embargo, a medida que progresa el poema la "figura blanca" irá imponiéndose hasta anular su pasividad inicial, y lo hace mediante recursos como el uso del imperativo en la entrega amorosa, mandato formulado tras la justificación de la pasión amorosa atribuida al hechizo y a la fatalidad:

> -¡Como en pétalos flojos yo desmayo a tu hechizo!...
> Traga siniestro buitre mi pobre corazón!
> . . . .
> ¡Comulga con mi cuerpo devoradora sima!
> Mi alma clavo en tu alma como una estrella de oro
> (31-32, 36-37)

Por su parte, la actitud inicial agresora del amante va alterándose: "-¡Albo lirio!... A tocarte ni mi sombra se atreve..." (43), hasta la total inversión que culmina con la posesión del "amado" por parte de "la amada": "Mi alma clavo en tu alma como una estrella de oro" (37), "-¡Tu alma se vuelve blanca, porque va siendo mía!" (60).

Al mismo tiempo, la experiencia carnal sintoniza con la

experiencia mística en el enlace del lenguaje religioso y de las imágenes carnales: "-Te abro; ¡oh mancha de lodo! mi gran cáliz de nieve / ¡Y tiendo a ti eucarísticos mis brazos, negra cruz!" (44-45). Éste es un recurso frecuente entre los escritores modernistas, quienes solían implicar en la iconografía sexual, -vinculada principalmente al cuerpo fetichizado de la mujer,- las bases de la trascendencia espiritual y artística. No obstante, Delmira Agustini se muestra mucho más audaz en sus imágenes eróticas, al tiempo que multiplica la transgresión propia del modernismo mediante la intercambiabilidad de los roles tradicionales masculinos-femeninos y la incorporación del deseo sexual de la mujer.

Así se muestra en el poema "Supremo idilio. Boceto de un poema," implicándose en el término "boceto" tanto la noción de apunte o bosquejo del cuadro presentado, como el carácter irresuelto o especular del idilio supremo referido a lo largo del poema. Hacia la mitad del texto se sintetiza la alternancia en la dialéctica del deseo entre el "yo" y el "tú" mediante una estructura quiásmica con que culmina la relación: "¡Seré en tus cielos negros el fanal de una estrella, / Seré en tus mares turbios la estrella de un fanal!" (49-50). La interacción revela, a su vez, el componente del "tú" en el "yo" alternado: "Tú has abierto la sala blanca de mi alma sombría (57); "Y si la tocas tiembla, como un alma, mi sombra!..." (64).

Las partes implicadas del debate amoroso acaban, por lo tanto, en un intercambio mimético, especular, invirtiéndose los papeles respectivos hasta convertirse los oponentes en dobles de sí mismos. Esta derivación sintoniza con la teoría de René Girard sobre la violencia y lo sagrado, según la cual los opuestos en un conflicto o debate por la adquisición de un objeto deseado acaban por parecerse: "Despite their initial disparities they end by resembling one another" (160). Si, de acuerdo con la teoría de Girard, "the antagonists are truly doubles" (160), asimismo los dobles, como los sueños esperpénticos de Goya, producen finalmente monstruos: "doubles are always monstruous, and duality is always an attribute of monsters" (Girard 162).

La aplicación de las teorías de René Girard a la poética de Agustini resulta particularmente relevante en el período correspondiente a CV, período en que el poder de la imaginación visionaria de Delmira Agustini se muestra mucho más audaz. La concepción "monstruosa" que resulta de la estructura o debate especular entre el "yo" y el "tú," estructura abstraida a dicotomías tales como las de mente/cuerpo, espíritu/materia, aparece aglutinada en la imagen del "amante sobrehumano" frecuente en la estética de Agustini. Al mismo tiempo, esa figura aparece como producto de la (auto)exploración y tendencia hacia un "otro" masculino en relación sexual con el "yo" lírico femenino, hablante que engendra circularmente al primero: "Yo no sé si mis ojos o mis manos / Encendieron la vida en tu retrato" ("Con tu retrato" 1-2).

El poder de la imaginación de la hablante adquiere entonces en los poemas de CV autoridad y actitud imperativa frente a la potencialidad titánica que permanecía latente bajo imágenes de la fragilidad en LB. De este modo, y como ilustra el poema "Con tu retrato" de "CV" (215), las imágenes recurrentes de vulnerabilidad y entrega del "yo" al "tú" ("Y me abro en flor!..." (8)), se acaban cuestionando por el poder del escalpelo poético que subvierte fosilizaciones como las incorporadas por el mito de Pigmalión, mito revisado en el poema "Con tu retrato":

Yo no sé si mis ojos o mis manos
Encendieron la vida en tu retrato;
Nubes humanas, rayos sobrehumanos,
Todo tu *Yo* de emperador innato

Amanece a mis ojos, en mis manos!   5
Por eso, toda en llamas, yo desato
Cabellos y alma para tu retrato,
Y me abro en flor!... Entonces, soberanos

De la sombra y la luz, tus ojos graves
Dicen grandezas que yo sé y tú sabes...   10
Y te dejo morir... Queda en mis manos

Una gran mancha lívida y sombría...
¡Y renaces en mi melancolía
Formado de astros fríos y lejanos!

En el poema "Con tu retrato," la hablante es quien esculpe en la precisión del soneto una imagen masculina de connotaciones supremas a partir de una dimensión creativa diversa: un retrato. Los distintos niveles de creación se unifican en las referencias a los ojos y a las manos con que se identifica y presenta la hablante, y que funcionan como instrumentos del yo creador.

Por una parte, los ojos observan el retrato e interaccionan con la mirada del mismo ("....tus ojos graves / Dicen grandezas que yo sé y tú sabes..." (9-10)), al tiempo que comunican la imaginación creadora ("Todo tu *Yo* de emperador innato / Amanece a mis ojos" (4-5)). Por otra parte, las manos escriben el poema; recrean la imagen de la contemplación (el retrato), creada a su vez por el pincel de otras manos (o de las mismas); e insinúan el contacto físico por la alusión sensual de la poeta: "yo desato / Cabellos y alma para tu retrato" (6-7). Ella da vida entonces, por capacidad divina, a la *imagen,* en franca transgresión del enunciado bíblico: "No te harás escultura ni imagen alguna" (Éxodo 20, 4). La escultura es ahora la del verso endecasílabo del soneto que reinventa a una figura masculina suprema y soberana.

Por el contrario, en el mito clásico se trata de un rey, Pigmalión, quien molesto con la condición femenina que considera perversa, ruega a Afrodita conferir vida a una bella estatua de mujer de la que se ha enamorado.[1] El deseo del rey, como el de la poeta en "Con tu retrato," es disponer de la imagen; silenciarla o conferirle su propia voz; convertirla en "texto" y mantenerla en la conveniente dimensión de objeto. El mito clásico refleja entonces la tradicional posición de las mujeres presentadas como modelos para el "cincel" del autor masculino. Esto es, la mujer tradicionalmente es el texto (la estatua, el personaje) y no el creador (el escultor, el poeta) (Gubar 293). La subversión de este planteamiento en "Con tu retrato" se presenta como variante de las revisiones presentes en la estética de Agustini, entre las que se encuentra la ya mencionada transgresión del planteamiento bíblico: "no esculpirás imagen."[2] No obstante, en la conclusión del poema se confiesa el poder generador de la invención imaginativa que se agota en sí mismo, anulando la transgresora representación: "Y te dejo morir... Queda en mis manos / Una gran mancha lívida y sombría..." (11-12). El último verso celebra, sin embargo, el poder conferido a la creación de la hablante que vuelve a recrear la imagen por virtud de la imaginación erótica: "¡Y renaces en mi melancolía / Formado de astros fríos y lejanos!" (13-14).[3]

---

[1]   Sigo la lectura del mito de Pigmalión efectuada por Susan Gubar en el inicio de su estudio sobre la creatividad de la mujer escritora (292-93).

[2]   Por su parte, la negación de representar lo absoluto -implícita en la prohibición bíblica- apunta al enunciado mismo del arte moderno consagrado "a hacer alusión a lo impresentable por medio de representaciones visibles" (Lyotard, Postmodernidad 19). Esta presentación de lo "impresentable" por alusión negativa que caracteriza al arte moderno puede rastrearse en los últimos versos del poema "Con tu retrato."

[3]   Compárense los últimos versos de "Con tu retrato" con el ya citado fragmento de Octavio Paz de su ensayo "El *más allá* erótico," la cual sintoniza en gran medida con el imaginario propuesto por Delmira Agustini en sus textos: "Creación, invención: nada más

La revisión implícita del mito de Pigmalión se reconoce en otros poemas de Delmira Agustini. John Burt señala el motivo de Pigmalión en el poema "Tu boca" ("CV" 202), soneto alejandrino fragmentado de acuerdo con la estructura interna del poema en la ordenación siguiente: ABBAA BBA AC BCA C. Simetría, circularidad, imágenes especulares, configuran el *leitmotiv* de un poema que se formula en un juego de ondas concéntricas en que interviene la estructura misma del soneto:

> Yo hacía una divina labor, sobre la roca
> Creciente del Orgullo. De la vida lejana,
> Algún pétalo vívido me voló en la mañana,
> Algún beso en la noche. Tenaz como una loca,
> Seguía mi divina labor sobre la roca.   5
>
> Cuando tu voz que funde como sacra campana
> En la nota celeste la vibración humana,
> Tendió su lazo de oro al borde de tu boca;
>
> -Maravilloso nido del vértigo, tu boca!
> Dos pétalos de rosa abrochando un abismo...-   10
>
> Labor, labor de gloria, dolorosa y liviana;
> ¡Tela donde mi espíritu se fue tramando él mismo!
> Tú quedas en la testa soberbia de la roca,
>
> Y yo caigo sin fin en el sangriento abismo!

La "tenacidad" con que la poeta ejerce su "divina labor, sobre la roca" (1, 5), labor asociada por Burt "[to] a three-dimensional masterpiece" de que la poeta, "like Pygmalion, falls in love" (121), podría asociarse a una forma de castigo divino por el pecado de esculpir (escribir) una imagen o texto, transgresión que se intensifica al tratarse de una mujer creadora.

Según esto, la presunta estatua que el yo poético esculpe, estatua que alegoriza la creación poética, podría interpretarse como causa del delito de transgresión y también como condena por el citado delito. Esa circularidad que equipara castigo y condena evoca a su vez la tradicional forma de castigo perpetuo impuesto en la mitología clásica por el pecado

---

real que este cuerpo que imagino; nada menos real que este cuerpo que toco y se desmorona en un montón de sal o se desvanece en una columna de humo. Con ese humo mi deseo inventará otro cuerpo..." (Signos 189).

de la transgresión.[4] De hecho, la "divina labor" que ejerce la poeta en el poema "Tu boca" se desarrolla en un ámbito de alejamiento y de condena asociable al Hades, reino de los Infiernos inaccesible para los vivos donde se purgan eternamente los pecados divinos. Ese ámbito de condena, sombrío y retirado del mundo de los vivos, se reconoce en las imágenes de "Tu boca," y también en las alusiones del poema inmediato "¡Oh, Tú!," poema que complementa al primero: "la vida lejana" ("Tu boca" 2), "la húmeda torre," ("¡Oh, Tú! 5), "Como un alma en pena" ("¡Oh, Tú!" 8).

Entre los recursos que utiliza Delmira Agustini para ilustrar la dimensión de castigo perpetuo y circular propia de los condenados al Hades, se encuentran los siguientes: el uso de repeticiones bimembres: "labor, labor de gloria" ("Tu boca" 11), "tejían y tejían" ("Oh, Tú" 4); las referencias a la perpetuidad, que connota la idea nietzscheana del *eterno retorno*: "Y yo caigo sin fin en el sangriento abismo!" ("Tu boca" 14), "Eternamente incuba un gran huevo infecundo" ("¡Oh, Tú!" 12); y las imágenes de autocreación y reflejo: "¡Tela donde mi espíritu se fue tramando él mismo!" ("Tu boca" 12), "inclinada a mí misma / A veces yo temblaba / Del horror de mi sima" (¡Oh, Tú! 19-21).

Al mismo tiempo, en los dos poemas contrapuestos, "Tu boca" y "¡Oh, Tú!," el nivel opuesto al "yo" lírico viene constituido por un "tú" ambiguamente redentor. En "Tu boca," el "tú" logra detener con su voz, al igual que Orfeo en su visita a los infiernos, la labor divina ejercida por la poeta, absorbiendo la totalidad por la sinécdoque de la boca: "Seguí mi divina labor sobre la roca. / Cuando tu voz que funde como sacra campana / En la nota celeste la vibración humana, / Tendió su lazo de oro al borde de tu boca" (6-7). Sin embargo, en la circularidad abismática de la boca del "tú," ("Maravilloso nido del vértigo, tu boca!" (9)), cae, como Ícaro, la poeta en el último verso: "Y yo caigo sin fin en el sangriento abismo!" (14). El abismo en que se precipita la hablante de "Tu boca" se transfiere al abismo del yo lírico en el poema "¡Oh, Tú!": "horror de mi sima" (21)

La boca del "tú," asociada al poema tanto en el título "Tu boca" como en la asociación de la boca a la rosa -emblema tradicional de la

---

[4]   Entre las más populares condenas de la mitología clásica que ilustran la circularidad y perpetuidad de las mismas se encuentra el castigo conferido a Prometeo, quien por entregar el fuego a los hombres fue condenado a ser devorado eternamente por un águila; o el de Sísifo, condenado a subir perpetuamente una roca por una colina por haber delatado y burlado a Zeus. Cuando la pesada roca llega a su cima vuelve a caer de la misma repitiéndose eternamente el proceso. Para una útil descripción de los mitos clásico consúltese Pierre Grimal.

poesía-: "Dos pétalos de rosa abrochando un abismo..." (10), es causa entonces de la condenación tanto del yo lírico como del acto de creación. No obstante, la transgresión y consecuente condenación de la poeta es voluntaria, implica la erótica del placer sexual y del placer creativo. De este modo, aunque se condene o muera la poeta, la creación tanto del poema como del amado finalmente permanece, se salva: "Tú quedas en la testa soberbia de la roca, / Y yo caigo sin fin en el sangriento abismo!" (13-14).

Por su parte, en el poema "¡Oh, Tú!," que complementa y en gran medida continúa el poema "Tu boca," la audacia transgresora del "yo" engendrador enfatiza su atrevimiento trascendente, énfasis que también se indica en el uso de cursivas: "Incrustadas las raras pupilas *más allá*" (13).

El poema "¡Oh, Tú!" está escrito en verso libre y aparece dividido tipográficamente en dos partes. En la primera parte, se sitúa el locus desde el que habla el yo lírico, lugar que se identifica con la propia sima de la hablante asociable a aquella en que se había precipitado en el poema anterior:

> Yo vivía en la torre inclinada
> de la Melancolía...
> Las arañas del tedio, las arañas más grises,
> En silencio y en gris tejían y tejían. (1-4)
>
> Náufraga de la Luz yo me ahogaba en la sombra...
> En la húmeda torre, inclinada a mí misma,
> A veces yo temblaba
> Del horror de mi sima. (18-21)

Al mismo tiempo, la imagen de la caída connota ahora no tanto la figura de Ícaro (implícita en "Tu boca") como la de *Luz*bel con la que se identificaría la hablante ("Náufraga de la Luz yo me ahogaba en la sombra..." (18)), y a la que se proyecta en la segunda parte del poema.

En esa segunda parte, diferenciada tipográficamente de la previa, aparece el Tú a que refiere el título del poema, "¡Oh Tú," entidad divina que se ensalza y presenta como liberadora (sexual) de la hablante. El yo lírico entonces se (auto)redime mediante un Dios personal que la genera (esculpe) y posee a modo de Pigmalión:

> ¡Oh Tú que me arrancaste a la torre más fuerte!
> Que alzaste suavemente la sombra como un velo,
> Que me lograste rosas en la nieve del alma,

Que me lograste llamas en el mármol del cuerpo; (22-25)

La audacia de revisar y personalizar el mito de Pigmalión remite a otros recursos de transgresión que se reconocen en el poema "¡Oh, Tú!." Por una parte, el acto de creación y posesión tanto espiritual como carnal entre el "yo" y el "Tú" se advierte recíproco: "Más que tuya, *mi* Dios!" (28, énfasis añadido). Al mismo tiempo, el carácter divino de la propia hablante se establece, entre otros recursos, por el uso del imperativo: "Tú que en mí todo puedes, / en mí *debes* ser Dios!" (27-28 énfasis añadido). Finalmente, la plegaria que constituye esta parte del poema deriva en autoofrenda: "Soy el cáliz brillante que colmarás, Señor" (30), ofrenda que culmina en los últimos versos:. "Perdón, perdón si peco alguna vez, soñando / Que me abrazas con alas ¡todo mío! en el Sol..." (33-34). En el final del poema converge entonces la transgresión especular, profanación enfatizada por la consciencia de inevitabilidad: "Perdón, perdón si peco alguna vez, soñando."

Los últimos versos del poema insinúan también la revisión de uno de los mitos más emblemáticos de la iconografía modernista, el mito de Leda y el Cisne. El poema "¡Oh, Tú!," remite a un primer estadio de revisión del citado mito, revisión que se intensificará en poemas posteriores de Delmira Agustini.

En principio, la configuración alegórica en que se sitúa el "yo" condenado de la poeta en la primera parte de "¡Oh, Tú!," se asocia a la imagen del ave contrapunto del cisne modernista, el búho:[5]

---

[5]   Véase al respecto el conocido poema de Enrique González Martínez, "Tuércele el cuello al cisne," que con frecuencia se ha asociado al agotamiento de la estética modernista en su vertiente ornamental simbolizada por el cisne. El "cisne" aparece desplazado en el poema de González Martínez en favor del "búho," cuyo valor trascendente sintoniza con el propuesto en la primera parte del poema "¡Oh, Tú!"

Tuércele el cuello al cisne de engañoso plumaje
que da su nota blanca al azul de la fuente;

. . . .

Mira al sapiente búho cómo tiende las alas
desde el Olimpo, deja el regazo de Palas
y posa en aquel árbol el vuelo taciturno...

Él no tiene la gracia del cisne, mas su inquieta
pupila que se clava en la sombra, interpreta
el misterioso libro del silencio nocturno. (Crespo 266)

En la segunda parte del poema de Agustini se abandona, sin embargo, el modelo del búho para celebrarse la figura alada y divina que connota al Cisne. La sexualización del ave en el

¡Oh la húmeda torre!...
Llena de la presencia
Siniestra de un gran búho,
Como un alma en pena; (5-8)

El búho simboliza el yo poético por reflejar los niveles de condena y silencio a que se asocia la hablante, enfatizándose la amargura y el silencio mediante el recurso de la duplicación: "Tan mudo que el Silencio en la torre es dos veces" (9). La revisión del mito de Leda y el cisne se reconoce en la identificación de la hablante con el búho postmodernista y en la referencia a la infecundidad: "Eternamente incuba un gran huevo infecundo" (12). En el mito clásico, Leda engendró dos huevos como resultado de su relación con Zeus quien accedió a Leda en la forma de un cisne. La infecundidad del huevo en el poema de Agustini invierte la tradicional presentación de un mito que vino a simbolizar la creación poética por el intercambio entre lo divino (Zeus) y lo humano (Leda).

En la segunda parte del poema vuelve a revisarse el mito de Leda y el Cisne. En esta sección aparece un Dios alado (asociable a Zeus-Cisne) por virtud de la plegaria de la hablante (la palabra poética), divinidad que redime al yo lírico devolviéndole los perdidos valores de titanismo, belleza, voz y fecundidad: "Que hiciste todo un lago de cisnes, de mi lloro..." (26). La recuperación de los valores ausentes en la primera parte de condena del yo lírico, culmina en la posesión recíproca del Dios-cisne y de la presunta Leda: "Que me abrazas con alas ¡todo mío! en el Sol..." (34). La revisión del mito modernista de Leda y el cisne, bosquejado en el poema "Oh, Tú," se muestra particularmente transgresora en las imágenes sexuales empleadas por Delmira Agustini. La principal disidencia consiste en conferir poder y voz a Leda, con la que se identifica la hablante. El poder del yo lírico femenino permite entonces tanto la invención de un Dios alado (Zeus) con el que disfruta el intercambio sexual (a diferencia de la Leda engañada y violada por Zeus), así como la formulación poética de que la relación arquetípica es metáfora.

Según Alicia Ostriker, la utilización personalizada de ciertos mitos que permite corregir la fosilización misógina inherente a los mismos, responde no tanto a una estrategia poética como a una necesidad de las escritoras de definirse a sí mismas: "revisionist mythmaking in women"s

---

texto de la autora implica, por otra parte, una revisión de la iconografía modernista mucho más transgresora que la propuesta por González Martínez.

poetry is a means of redefining both woman and culture" (211). Obligadas a utilizar un lenguaje que no les pertenece, lenguaje que asimismo se advierte insuficiente o precario, las poetas se convierten, según la tesis de Ostriker, en "voleuses de langue,"[6] esto es, en modernas Prometeas impulsadas a robar la Palabra (211). Y la Palabra, como el Texto, implica la capacidad esencial de existir, de "ser": "to exist humanly is to name the self, the world and God...."[7] Por lo tanto, como concluye Ostriker, la mujer-poeta transforma la estrategia revisionista en un acto de supervivencia: "Re-vision --the act of looking back, of seeing with fresh eyes, of entering an old text from a new critical direction-- is for women more than a chapter in cultural history: it is an act of survival."[8]

Entre las necesarias revisiones en que inciden las poetas destaca la corrección del mito tradicional de la mujer como objeto de deseo del hombre. Linda Kauffman, citada al respecto por Biruté Ciplijauskaité (115), observa en las *Heroidas* de Ovidio un intento de revisión al tener que enfrentarse el autor con el problema de inventar "a female persona whose desire differs from the customary male constructions of desire."[9] La estrategia de que se vale Ovidio para tal efecto, "doubleness and duplicity," parece seguir vigente en las autoras contemporáneas (Ciplijauskaité 115).

Subversión e inversión se imponen entonces como característica de la nueva poesía "femenina" española en el estudio de Ciplijauskaité. Duplicidad y también "doblez" aparecen también como estrategias poéticas de la uruguaya Delmira Agustini, poeta y mujer que ultima en sus obras la nueva trinidad a que alude Alicia Ostriker: "God and the imagination and *my body* are one" (Ostriker 221).

Delmira Agustini utiliza el escalpelo del yo lírico para inventar nuevos dioses sintetizados en uno: "mi Dios." La necesidad de afirmación de Agustini no precisa siquiera del enmascaramiento en figuras mitológicas, como resulta frecuente entre las mujeres poetas, principalmente porque su espacio, y su autoridad, son los que Delmira

---

[6]   Claudine Herrmann, *Les Voleuses de Langue* (Paris: Des Femmes, 1979), citada en Alicia Ostriker (211).

[7]   Mary Daly, *Beyond God the Father* (Boston: Beacon P, 1973) 8. Citado por Ostriker (216).

[8]   Adrienne Rich, "When We Dead Awaken: Writing as Re-vision," *On Lies, Secrets and Silence* (New York: WWNorton, 1979) 35. Citado por Ostriker (235) y también por Gilbert y Gubar (49).

[9]   Linda Kauffman, *Discourse of Desire* (Ithaca: Cornell UP, 1986) 55.

inventa. La utilización de las fosilizaciones mitológicas se produce precisamente a partir de la trascendencia personalizada de los mitos que emplea. [10]

El poema "Tres pétalos a tu perfil" ("CV" 208), ejemplifica esa peculiar forma revisionista de la estética de Agustini. Las referencias iniciales del poema al "buril" que señalan a la escultora-poeta, revisa al tiempo que personaliza la figura de Pigmalión. La implícita referencia al mito de Pigmalión se supera de inmediato en el poema para adoptar la metáfora general de la imaginación (auto)creadora:

> En oro, bronce o acero
> Líricos grabar yo quiero
> Tu Wagneriano perfil;
> Perfil supremo y arcano
> Que yo torné casi humano:
> Asómate a mi buril.   (1-6)

El poema está dividido en tres sextetos de versos octosílabos que corresponden a los tres pétalos que ofrece el yo lírico al "Perfil" que va construyendo con el metro. Las secuencias estróficas y el ritmo interno de cada estrofa aparecen, asimismo, divididas en grupos de tres versos. La poeta *engarza* la estructura tripartita mediante el canto: "Mi lira es tu medallón!" (12), hasta inferir (al modo de Pigmalión) la ilusión de vida en la imagen creada: "Perfil supremo y arcano / Que yo torné casi humano" (5).

Por otra parte, los tres pétalos-estrofas del poema parecen asociarse a los tres pétalos que forman la emblemática "flor de lis," motivo frecuente en la imaginería de Delmira y del modernismo en general. Según registra Juan Eduardo Cirlot, la flor de lis no existe sino como símbolo heráldico de la realeza (279). Este carácter emblemático y construido de la flor de lis aglutina entonces los diversos niveles de creación presentes en el poema. Al mismo tiempo, la flor de lis se ha considerado como "emblema de la iluminación y atributo del Señor" (Cirlot 279), simbología que podría asociarse al amante supremo y regio del texto y de la poética de Agustini.

---

[10]   La familiaridad de Agustini con los recursos modernistas, entre los que se encuentra la utilización revisada de los mitos clásicos, desestima la aproximación de John R. Burt. En su estudio "The Personalization of Classical Myth in Delmira Agustini," Burt vuelve a especular con el arte y la vida de la escritora uruguaya, y a fascinarse por enigmas inconsecuentes e insolubles: "One may well wonder when and how she came to such a strong interest in mythology" (115).

Si en "Tres pétalos a tu perfil" la flor de lis señala tanto al poema que construye el yo lírico como al amante regio que va esculpiendo en el texto, de forma recíproca la flor de lis se asimila también a la hablante en cuyo "cáliz" -atribuido a la mujer en su vinculación a la flor/vagina- deriva el poema en los versos finales. La ofrenda inicial se interpreta entonces como paradójico autoofrecimiento y oración en los últimos versos: "Para embriagar el Futuro, / Destila, tu filtro oscuro / En el cáliz de este lis" (17-18).

De forma circular, por lo tanto, la hablante del poema se presenta como entidad creadora (divina) que genera un amante supremo que a su vez la insemine. Ese afán de absoluto se logra en los últimos versos mediante la síntesis de imágenes de continente ("cáliz") y contenido ("filtro oscuro"), imágenes asimismo marcadas por lo femenino y masculino. La dicotomía entre la recepción y la entrega se advierte en último término el producto de una misma imaginación creadora, la del yo poético de Delmira Agustini. Las audaces y subversivas imágenes de la autora uruguaya, muestran finalmente su objetivo de autoconstrucción, al tiempo que le confieren legitimidad creadora.

CREACIÓN NO ARBITRADA:
VISIÓN. REFLEJOS. DOBLES.

En ocasiones, el acto creativo aparece en la poesía de Delmira Agustini sin mediación o construcción explícita a modo de "visión" de la que surge el amante. Ejemplo representativo de esta estrategia es el poema "Visión"("CV" 210-12).

A diferencia de los textos analizados con anterioridad en los que la construcción poética se enfatizaba en la precisión métrica, el poema "Visión" se presenta en verso libre y estructura estrófica variable con lo que parece incidirse en la ausencia de mediación creadora. Sin embargo, la experiencia visionaria que desarrolla el poema se establece desde el "lecho" de la hablante, lugar que aglutina la función metapoética: "En la página oscura de mi lecho" (32), "Toda tu vida se imprimió en mi vida..." (46). El "lecho," así como la "alcoba agrandada de soledad y miedo" (5) alegorizan entonces la construcción poética, al tiempo que enfatizan su carácter trascendente al cuestionar en los primeros versos la función poética de otro nivel creador: el sueño. El sueño se impondrá de inmediato como recurso creativo, permitiendo a la hablante liberar audaces imágenes que exploran el deseo en una libre asociación de ideas que anticipa el futuro movimiento surrealista:

> ¿Acaso fue en un marco de ilusión,
> En el profundo espejo del deseo,
> O fue divina y simplemente en vida
> Que yo te vi velar mi sueño la otra noche?
>
> En mi alcoba agrandada de soledad y miedo,
> Taciturno a mi lado apareciste
> Como un hongo gigante, muerto y vivo,
> Brotado en los rincones de la noche
> Húmedos de silencio,
> y engrasados de sombra y soledad. (1-10)

Las probabilidades introducidas por el adverbio "acaso" en el primer verso del poema anticipan la inmediata estructura de alternancia entre el "yo" lírico y el "tú" del amante que se aparece a la poeta. Dicha alternancia se estructura en la segunda parte del texto mediante el recurso combinado de la anáfora y del símil: "Te inclinabas a mí como..."

En principio, el recurso del símil muestra una voluntad de asociación creativa desde la evocación de la hablante, evocación señalada en el uso del pretérito imperfecto: "Te inclinabas a mí como un enfermo / De la vida a los opios infalibles" (15-16); "Te inclinabas a mí como el creyente / A la oblea de cielo de la hostia..." (18-19). Por otra parte, el símil indica un primer estadio de duplicación del evocado en la imagen comparada: "Te inclinabas a mí supremamente, / Como a la copa de cristal de un lago" (11-12); "Te inclinabas a mí como el gran sauce / De la Melancolía / A las hondas lagunas del silencio;" (23-25). En las imágenes oníricas, que liberan al tiempo que justifican la imaginación sensual de la hablante, se implican entonces duplicaciones del "yo" lírico en el "tú" evocado, duplicaciones que se formulan desde el espejo reflejante del deseo que proyecta el yo lírico.

Las imágenes de especularidad en la estética de Delmira Agustini señalan la disociación trascendente y erótica del yo lírico, quien se presenta a menudo en posición horizontal desde el "lecho" o "lago" en el que se refleja el amante divino. Como se ha comentado más arriba, la condición "reflejante y pasiva" propia del símbolo del espejo (Cirlot 195), símbolo atribuido tradicionalmente a la mujer, se subvierte en los poemas de Agustini mediante diversos recursos. Entre los mismos se encuentra el intercambio entre el "yo" lírico y el "tú" amante, duplicación que se ultima en la capacidad genésica del "yo" que inventa al "tú," reinventándose al mismo tiempo. La (auto)duplicación contiene asimismo dicotomías primarias tales como "yo"-"tú," espíritu-Carne, divininidad-humanidad, que reflejan en último término el deseo de Totalidad de la hablante. Ejemplo de la capacidad genésica del yo lírico que tiende a lo absoluto por el recurso de la (auto)duplicación es el poema "La ruptura" ("CV" 209): ". . .mi espíritu se asoma a su laguna / Interior, y el cristal de las aguas dormidas, / Refleja un dios o un monstruo, . . ." (5-7).

El recurso de la (auto)duplicación aparece en los textos de Delmira con numerosas variantes. En ocasiones, las metáforas especulares atribuidas al "yo" y al "tú" aparecen de forma intercambiable: "Y mi cuerpo se vuelve profundo como un cielo" ("Día nuestro," "CV" 9); "Déjame bajo el cielo de tu alma, / en la cálida tierra de tu cuerpo!-" ("El surtidor de oro," "CV" 21-22). A veces se asocian las metáforas especulares con la mirada creadora, con los "ojos" o "pupilas" que refieren a la capacidad visionaria tanto del "yo" creador (evidente en el poema "Visión") como del "tú" creado: "Y hay en mi alma un gran florecimiento / si en mí los fijas [tus ojos]; si los bajas, siento / ¡Como si fuera a florecer la alfombra!" ([Sin título] "CM" 169, 12-14). De la misma manera, cuando Delmira alude al mito del cisne, emblema de la creación poética para los modernistas, la aproximación adoptará diversas variantes especulares: aparece como *visión* en el poema "El cisne" ("CV" 230-32): "Pupila azul de mi parque / Es el sensitivo espejo / De un lago claro, muy claro!... /.../ Que en su cristalina página / se imprime mi pensamiento," (1-3, 5-6); o como "mancillable" "lago de tu alma" en el poema "Nocturno" ("CV" 229): "Engarzado en la noche el lago de tu alma, /.../ Espejo de pureza que abrillantas los astros / Y reflejas la sima de la Vida en un cielo!..." (1, 4-6).

En el poema "Visión," observamos un primer nivel de reciprocidad en la paradoja que se presenta al principio del poema, paradoja en cuya ambigüedad interviene el motivo complementario del "sueño" en el proyecto de autocreación de la autora: "Que yo te vi velar mi sueño la otra noche" (4). Los ojos mentales recrean desde el "lecho" o "página oscura" al "tú" deseado, a quien se define como "enfermo de la vida" (15-16), "creyente" (18) y "gran sauce" (23). De forma complementaria, el yo lírico se presenta en posición reflejante, a modo de "copa de cristal de un lago" (12), "oblea del cielo de la hostia" (19), "hondas lagunas del silencio" (25), "hermana" (29). El "tú" se inclina y refleja en el "yo" hasta la insinuación de totalidad o inefabilidad: "¡Y te inclinabas más que todo eso!" (35).

La insistencia en la experiencia de lo inefable revela, una vez más, el proceso creativo del poema que se resuelve inevitablemente en nuevas duplicaciones: "Tú te inclinabas más y más... y tanto, / Y tanto te inclinaste, / Que mis flores eróticas son dobles" (42-44).

El sincretismo místico de la Unidad, del que participa el movimiento modernista, queda suspendido o invalidado en el poema "Visión" por la construcción imaginativa de la hablante. El espejo adopta entonces la connotación no ya del reflejo como de la imaginación y la conciencia (Cirlot 194). El recurso de la especularidad en la obra de Agustini logra entonces dos objetivos. Por un lado, enriquece las variantes transgresoras propias del modernismo con la inserción del deseo de la mujer: "Y era mi mirada una culebra / Apuntada entre zarzas de pestañas, / Al cisne reverente de tu cuerpo" (36-38). Por otra parte, señala a la estética "moderna" del silencio que no parece resolverse por el mecanismo habitual de las duplicaciones:

> Yo esperaba suspensa el aletazo
> Del abrazo magnífico; un abrazo
> De cuatro brazos que la gloria viste
> . . . .
> Y esperaba suspensa el aletazo
> Del abrazo magnífico. (47-49, 53-54)

El "silencio" se presenta entonces como el espacio de encuentro de las duplicidades esenciales, como la "vía negativa" de la experiencia mística en la que el lenguaje revela su incapacidad de mediación.[11] Ese espacio vacío se incorpora al concepto mismo del deseo, al sentimiento kantiano de lo Sublime o imposibilidad de representación de lo absoluto. De este modo, resulta consecuente que en los textos de Agustini, cuando los ojos del yo lírico se abren a la consciencia de su duplicación y a la mediación creativa de la palabra, la "visión" se extingue:

> ¡y cuando,
> Te abrí los ojos como un alma, y vi

---

[11]   Para un estudio de "La estética del Silencio" que informa el arte moderno y en cierta media la obra de Delmira Agustini, véase el ensayo homónimo de Susan Sontag al que se aludió con anterioridad.

> Que te hacías atrás y te envolvías
> En yo no sé qué pliegue inmenso de la sombra!   (55-53)

Algo similar ocurre en el poema "Las alas"("CV" 173). El poema se presenta como una evocación icárica de la capacidad sublime de "las alas" del yo lírico. La dificultad de transferir el carácter Sublime de la experiencia evocada, se señala en el poema   mediante continuas sincopaciones y fragmentaciones tipográficas:

> . . . .
> Yo tenía...
>
> dos alas!...
>
> Dos alas,
> Que del Azur vivían como dos siderales
> Raíces!...
> Dos alas,   (1-5)

La visión Sublime que evoca la hablante acaba por extinguirse en los últimos versos bajo la mirada directa del yo lírico (enfatizada en cursivas), y su presencia verbal (indicada por el guión): "¿Mis alas?... // - Yo las *vi* deshacerse entre mis brazos... / ¡Era como un deshielo!" (34-36).

El proceso de (auto)construcción en el poema "Las alas" también se señala mediante el recurso de las duplicaciones. En primer lugar, las dimensiones de evocación y de ensueño se articulan mediante un diálogo implícito que se establece desde el monólogo de la hablante: "¿Te acuerdas de la gloria de mis alas?..." (13). Al mismo tiempo, la insistencia en el carácter doble de las alas que aparece repetido anafóricamente a lo largo del poema, "Dos alas," se extiende al concepto de la *visión* implícito en la metáfora ocular, también doble, del "Iris":

> El Iris todo, más un Iris nuevo
> Ofuscante y divino,
> Que adorarán las plenas pupilas del Futuro
> (¡Las pupilas maduras a toda luz!)... el vuelo...   (17-20)

Los recursos estilísticos funcionan a lo largo del poema como formas tipográficas de alusión tanto a la marginalidad de la experiencia (indicada en el uso de paréntesis), como al valor inefable de la misma (indicado mediante el uso de puntos suspensivos, interrogaciones retóricas, blancos). Los recursos inciden entonces en el valor construido del poema, valor que viene a enfatizarse en los últimos versos mediante el uso del guión (indicador del diálogo) y de las cursivas: "-Yo las *vi* deshacerse entre mis brazos..." (35).

El recurso de las duplicaciones responde, en definitiva, a una estrategia de autorrepresentación en una tradición poética que con frecuencia presenta a la mujer como espejo que refleja el deseo del hombre. Si la duplicación difiere o (des)multiplica el cuerpo del yo lírico en la estética de Agustini, el desmembramiento y fragmentación que domina en *CV* aparece como principal motivo de afirmación y representación de la identidad de la autora.

De este modo, y como se ha venido rastreando en el análisis de los textos de Agustini, la invención de un Dios-amante sobrehumano, que en sí misma implica un alto grado de revisionismo teológico (Gubar 308), existe principalmente como vehículo del propio engendramiento lírico, y en última instancia como legitimación artística de Delmira Agustini. Al mismo tiempo, la "suspensión" en que deriva la estética del silencio comentada a propósito de los poemas "Visión" y "Las alas," responde a un último estadio de inscripción tanto del deseo silenciado de la mujer, como de la transacción de la erótica del lenguaje. "The text itself is an erotic encounter in which the poet makes love to her words," afirma Sylvia Molloy a propósito del deseo erótico en la escritura de las mujeres (Introduction 120). El deseo se extiende entonces, según concluye Molloy en la misma fuente, "to the body of writing" (120).

Las subversivas imágenes de Delmira Agustini logran entonces el objetivo último de legitimación artística en un período que fragmenta el cuerpo de la mujer tanto en los poemas como en la recepción crítica de las autoras. Las imágenes de fragmentación culminarán en el desmembramiento del divino Orfeo, último grado de subversíon del programa revisionista y autocreador de Delmira Agustini en su última compilación publicada en vida, *Los cálices vacíos*.

V

ORFEO DESMEMBRADO:

Delmira Agustini y la estética finisecular de la fragmentación

Now, for the first time, the god lifts his hand,
The fragments join in me with their own music
Muriel Rukeyser, *The Poem as Mask*[1]

Las imágenes de desmembramiento y de decapitación forman parte de una larga tradición lírica que hereda el modernismo hispanoamericano. Delmira Agustini participa de esa fascinación estética por el cuerpo desmembrado, si bien la inserción de un sujeto femenino que desmembra invierte la percepción canónica que fragmenta y dispersa la imagen de la mujer.[2] Entre las revisiones que plantea Agustini en relación con las imágenes de la fragmentación destaca la de los mitos de Orfeo y de Salomé.

La figura de Orfeo aparece de forma implícita en la poética de Delmira Agustini aludiendo a dos vertientes del mito. Por una parte, atiende a su valor iniciático que conecta con los misterios órficos basados en las presuntas revelaciones del divino poeta tras su regreso de los infiernos. Por otra, cuestiona el episodio de Orfeo desmembrado por las bacantes al negarles el poeta su voz y/o su sexualidad.[3] La presentación

---

[1] Muriel Rukeyser, "The Poem as Mask," *Collected Poems* (New York: McGraw-Hill, 1978) 435. Citada por Alicia Ostriker (238).

[2] Como se indicó en el primer capítulo, Nancy J. Vickers ubica el canon de la representación de la mujer en las descripciones que hace Petrarca de Laura, quien aparece sistemáticamente desmembrada por el poeta en sus versos.

[3] Para un registro de las diferentes versiones de los motivos que instigaron al desmembramiento de Orfeo, véase Pierre Grimal (392). Todas ellas inciden en el rechazo que Orfeo siente hacia las mujeres después de haber perdido a su esposa Eurídice, misoginia que causa la furia de las bacantes y ulterior desmembramiento del poeta.

revisada de la poética de la fragmentación culmina en un poema como "Lo inefable," en el que la figura de Orfeo revierte en el mito de Salomé.

En este capítulo pretendo detenerme en la utilización de lo que denomino "discurso órfico" en la estética de Delmira Agustini, discurso que domina la compilación *Los cálices vacíos* (CV), en la que apareció reeditado el segundo libro de Agustini, *Cantos de la mañana* (CM), una selección del primer poemario, *El libro blanco (Frágil)* (LB), además de la serie de poemas nuevos homónima del libro, "Los cálices vacíos" ("CV").

El registro "órfico" presente en CV contrasta con el "discurso ofélico" que dominaba la primera producción de Agustini, *El libro blanco (Frágil)*, en el cual se incidía en metáforas de fragilidad que aludían, al tiempo que cuestionaban, la figura yacente y frágil de Ofelia. Por su parte, la incidencia en los valores de iniciación y desmembramiento alusivos a Orfeo destacan en la última compilación publicada en vida de la autora, *Los cálices vacíos*. La retórica del silencio que el discurso órfico implica será asimismo cuestionada dada la voz y la sexualidad que inserta la Delmira Agustini en estos poemas. En último término, los diversos niveles de revisión de la tradición canónica que plantean los escritos de la autora uruguaya permiten legitimar a Delmira Agustini como poeta y como mujer en las postrimerías de la modernidad.

ESTATUAS. ESTÉTICA DEL SILENCIO. ORFEO COMO MITO DE INICIACIÓN.

El mito de Orfeo aparece de forma implícita en una serie de imágenes utilizadas con frecuencia por Delmira Agustini. Entre los recursos asociables a Orfeo destaca el de "la estatua," figura que contiene en su presentación clásica los valores del Ideal y lo sobrehumano propios también de Orfeo. La sobrehumanidad de Orfeo se advierte en la condición divina del poeta y músico capaz de poner en suspenso con su lira la naturaleza y la ordenación cósmica (Grimal 391-92).

En contraste con ese valor sobrehumano, la simbología de la estatua implica cierta "inhumanidad" o rechazo de la naturaleza de la que la figura escultórica se pretende, en principio, representación. La persistencia en el silencio inherente a la estatua puede interpretarse como consecuencia de tal rechazo. Esa actitud es análoga a la persistente mudez del divino Orfeo tras su regreso de los infiernos, silencio que provocará, según la lectura de Ihab Hassan, su despedazamiento por parte de las mujeres bacantes, representantes de Dionisos y de la Naturaleza.[4] No obstante, las estatuas de Delmira trascienden el rechazo órfico mediante alusiones a un potencial sobrehumano capaz de relación carnal con la hablante, quien, en último término, construye al Ideal de piedra.

En los textos de Agustini, "el amante ideal, el esculpido" ("El surtidor de oro," "CV" 5), es susceptible, como la *página en blanco*, de contener la totalidad desde su condición de "crisálida de piedra / De yo no sé qué formidable raza" ("Plegaria," "CV" 3-4).[5] Por ser imagen de lo absoluto, la estatua pretende aludir a lo "impresentable" a través de la formulación negativa: "[las estatuas] Dan la ceniza negra del Silencio;" "¡Nunca ven nada por mirar tan lejos!" ("Plegaria" 7, 32). Esta presentación negativa apunta a la estética kantiana de lo Sublime por la cual el artista se siente capaz de concebir lo absoluto pero incapaz de representarlo (Lyotard, Postmodernidad 19). Las estatuas de Delmira responden a esa contradicción que informa el arte moderno y que la poesía de la uruguaya resuelve, entre otras estrategias, mediante la citada "vía negativa" que conecta con la experiencia mística, y que Susan Sontag asocia al arte moderno (Silence 5). No obstante, el presunto misticismo de Delmira, apuntado con frecuencia por la crítica, aparece igualmente trascendido por la explícita imaginería sexual que literaliza el componente carnal propio del misticismo.

La asociación entre la estatua y la experiencia mística se ejemplifica en un poema como "A una cruz. *Ex voto*" (CM 166-67), donde

---

[4]   Ihab Hassan inspira su lectura del mito de Orfeo que propone en el primer capítulo de su libro *The Dismemberment of Orpheus*, "Prelude: Lyre Without Strings" (3-23), en las *Metamorfosis* de Ovidio. La versión de Ovidio explica que la causa que enfureció a las bacantes fue la incapacidad de Orfeo de replicar los efectos de su música divina después de la muerte de Eurídice. Esa incapacidad aparece abstraída a la mudez de Orfeo en la lectura de Hassan.

[5]   Como se indicó con anterioridad, la asociación de la "página en blanco" a la sumisión artística de la mujer ha sido ampliamente desarrollada por Susan Gubar en su estudio "'The Blank Page' and the Issues of Female Creativity." En los textos de Agustini, es la imagen del amado la que con frecuencia esculpe la hablante a modo de Pigmalión, como pudo constatarse en poemas como "Con tu retrato" ("CV" 215), "Tu boca " ("CV" 202), o "Tres pétalos a tu perfil" ("CV" 208). Los textos de Agustini no sólo subvierten la presentación tradicional que sistemáticamente construye o esculpe a la mujer en función del deseo del hombre, sino que también enfatiza la transgresión al enunciado bíblico desde su autoridad de mujer: "No esculpirás imagen"

se reiteran las formulaciones negativas frecuentes en el misticismo: "El límpido silencio se creería / La voz de Dios que se explicara al Mundo!" (20-21). Asimismo, la Cruz se presenta en el poema como entidad suprema asociable al amante esculpido, escultura que, al mismo tiempo, esculpe o genera al "yo" poético. Según esto, la Cruz o Ideal es capaz de revelar, de forma recíproca, el potencial de estatua inherente a la hablante: "¡Y del mármol hostil de mi escultura / Brotó un sereno manantial del llanto!..."; "Y a ese primer llanto: mi alma, una / Suprema estatua, triste sin dolor,"(30-31, 36-37). Por último, la imagen de la Cruz alegoriza el poema esculpido por el cincel de Delmira Agustini, con lo que la autoconstrucción de la hablante en el poema revierte en la legitimación final de la propia autora.

Las imágenes complementarias apuntadas de silencio elocuente y ceguera visionaria asociadas a la estatua, imágenes de las que participa la propia hablante en los textos de Agustini, convergen una vez más en la lectura órfica:

> Ven, tú, el poeta abrumador, que pulsas
> La lira del silencio: la más rara!
> La de las largas vibraciones mudas
> . . . .
> Ven, acércate a mí, que en mis pupilas
> Se hundan las tuyas en tenaz mirada,
> Vislumbre en ellas, el sublime enigma
> Del *más allá*, que espanta...
>
> ("Misterio: Ven...," LB 13-15, 19-22)

Según concluye Ihab Hassan, los poetas contemporáneos se distinguen por asumir la postura órfica, esto es, por cantar en una lira sin cuerdas ("Lyre Without Strings"). La estética del silencio parece anticiparse en la propuesta modernista de Delmira Agustini, si bien la autora complica los postulados del silencio que Ihab Hassan vincula al mito de Orfeo, ya desde la sexualización del objeto órfico aparente en los versos apuntados. Pero muchos otros aspectos del mito de Orfeo resultan susceptibles de cuestionamiento, ampliando las posibilidades propuestas por Hassan. Un recorrido revisionista a los valores atribuidos a la muerte de Orfeo permitirá comprender las instancias canónicas en que se inserta la imaginación misógina finisecular, canon que determina el contexto en que escribe y al que inscriben Delmira Agustini.

Según Ihab Hassan, el desmembramiento de Orfeo se produce como consecuencia de la obstinación del poeta en permanecer en silencio, esto es, de su *rechazo* a la mediación de Apolo, de quien Orfeo es oficiante. El silencio del poeta simboliza su voluntad racional en oposición con la naturaleza salvaje representada por las mujeres bacantes. Sin embargo, las bacantes están respondiendo también a la mediación del dios contrapunto de la dicotomía: Dionisos.

Los grados de "suspensión" o silencio se multiplican entonces. En primer lugar, la naturaleza queda en suspenso cuando Orfeo canta, pero también la razón del divino poeta se anula o suspende cuando canta dada la mediación que Apolo ejerce sobre Orfeo: "Seized by the god, he speaks in no voice of his own; possessed, he loses his self-possession" (Hassan 5). Por su parte, la conciencia de las bacantes está asimismo intervenida por el dios de la intoxicación, Dionisos. Al mismo tiempo, al participar de la Naturaleza, las bacantes quedan cautivadas por la voz de Orfeo, y en el encanto se insinúa una suspensión identificable con la experiencia del orgasmo, erotizando entonces al representante de Apolo, dios de la razón.

Por otra parte, si Dionisos instiga implícitamente a desmembrar a Orfeo, las bacantes aparecen metafóricamente desmembradas también al ser instigadas a la dislocación del baile báquico (Ostriker 212). La actitud de las bacantes responde, en definitiva, a construcciones de la imaginación masculina, y como tales construcciones reflejan el deseo simbólico del hombre de ser desmembrado, esto es, el deseo de integrarse al espacio mental, despojándose del lastre del cuerpo, del lastre de la palabra. La consecuencia final de ese deseo se ultima en la decapitación, cuya función metafórica será estudiada más adelante.

El "rechazo" de la voz en la lectura órfica propuesta por Hassan, - rechazo que asimismo se atribuye a la simbología del blanco y al que se reduce el poder de la mujer,-[6] se extiende en la historia de Orfeo al rechazo de toda mujer.

---

[6]   Una vez más los valores atribuidos a la mujer, como el mencionado de "la página en blanco," vuelven a asociarse a Orfeo. El "rechazo" constituye, según argumentan Sandra Gilbert y Susan Gubar, el único residuo de poder admitido tradicionalmente a las mujeres (57-58). La feminización de Orfeo, evidente en diversas lecturas y representaciones del mito como la más notoria del período dieciochesco que asignaba el papel de Orfeo a los célebres *castrati* de la ópera europea, implica una importante variante del tema digna de mayor estudio. Recuérdese que la cabeza todavía sangrante y cantando de Orfeo es recuperada en Lesbos (Grimal 392), cuna de Safo, con lo cual se redime quizás al misógino para recuperar la *sintonía* femenina del poeta.

En el mito clásico, la actitud misógina de Orfeo ocurre después de haber fracasado en el intento de recuperar a su esposa Eurídice, a quien Orfeo fue a buscar a los infiernos. Ciertas mitografías ilustran esa misoginia en la preferencia homosexual del divino poeta tras haber perdido a Eurídice, y en su condenación de la promiscuidad de las bacantes. Sin embargo, la actitud misógina del mito de Orfeo se reconoce en el planteamiento mismo de la historia y se transfiere a la tradición mitológica que sistemáticamente ha silenciado y reducido a la mujer a un objeto.

En el caso específico del mito de Orfeo, puede advertirse la objetivación y sumisión de la mujer en diversas instancias previas al desmembramiento del poeta, desmembramiento en que tales estereotipos parecen derivar. Por una parte, el canto de Orfeo impone el silencio a la naturaleza, y con ella a las mujeres a quienes exige someterse a la razón que interpreta el oficiante de Apolo con su lira o flauta.[7] Por otra parte, la entidad femenina del mito, Eurídice, existe meramente en concepto del mismo, careciendo de identidad propia.

Eurídice se presenta en la mitografía clásica como esposa de Orfeo. Queriendo huir de Aristeo, quien la perseguía para violarla, es mordida mortalmente por una serpiente. Orfeo fue entonces a recuperar a su esposa a los Infiernos bajo la condición de no mirarla hasta haber salido a la superficie, condición que Orfeo no cumple restituyendo a Eurídice a los infiernos, esto es, silenciándola definitivamente con su mirada. Este acto, que podría interpretarse deliberado, justifica los misterios que instituirá el poeta, a los cuales las mujeres no están invitadas (Grimal 392).

Delmira Agustini cuestiona y corrige en sus versos muchos de los estereotipos inherentes a las presentaciones mitológicas que ejemplifica el mito de Orfeo. Entre las correcciones que plantean sus escritos se encuentran, en primer lugar, la utilización de una voz femenina que articula el discurso creativo, prerrogativa tradicional del hombre. Al mismo tiempo, el sujeto femenino de sus textos convierte en objeto sexual a entidades masculinas que con frecuencia representan la divinidad, con lo

---

[7]   Sandra Gilbert, citada al respecto por Alicia Ostriker (216-17), recrea esta perspectiva en su poema "Bas Relief: Bacchante," *Emily's Bread* (New York: W.W. Norton, 1984) 43:

> commanding silence, silence from everyone,
> shutting the trees up, quieting the wind
> and the quick birds, and the women.
> Without his manly manly anthems,
> everything, she says, would sing, would sing.

cual la subversión de roles aparece transcendida a la profanación del canon no sólo literario sino también religioso. Por otra parte, las metáforas de creación utilizadas por la autora no aparecen articuladas con recursos que apelan a la razón sino a través de metáforas que celebran la sexualidad de la mujer, como la recurrencia en imágenes vaginales. Si Agustini utiliza imágenes de incidencia racional, como las del discurso órfico, lo hace para trascender y subvertir la simbología del mito, como sucede con la erotización del mismo. Por último, la implicación (post)moderna del recurso del silencio aparece utilizada para ser inmediatamente subvertida por la incorporación de la voz y la sexualidad de la mujer, instancias tradicionalmente silenciadas o "habladas" respecto al sujeto hablante de la tradición masculina.

La tradición del mito de Orfeo ejemplifica entonces diversos grados de misoginia canónica que tanto la obra como la persona de Delmira Agustini cuestionan.

Por una parte, la utilización personalizada de mitos como Orfeo, Pigmalión, o el más popular de Leda y el Cisne, permite a Delmira Agustini corregir o complicar los estereotipos de pasividad y silenciamiento -o sus contrarios de agresión y perversidad- atribuidos a la mujer en el canon mitológico. En este sentido, Delmira Agustini sintoniza con la necesidad revisionista de las poetas desarrollada en la tesis de Alicia Ostriker: "revisionist mythmaking in women's poetry is a means of re-defining both women and culture" (211).

Por otra parte, la misoginia inherente al rechazo órfico refleja la imaginación del fin de siglo XIX particularmente obsesionada con la representación dicotómica de la mujer en un período de profundos cuestionamiento sexuales.[8] Esta obsesión, transferida al fetichismo modernista del cuerpo de la mujer, fue aplicada también a la persona y a la obra de Delmira Agustini, como se indicó en capítulos anteriores.

Por último, la misoginia informa los postulados mismos del canon postmoderno propuesto por Ihab Hassan, en base a la estética del silencio inherente al principio órfico: "Silence also betrays separation from nature, a perversion of vital and erotic processes. The symptoms range from misogyny to necrophilia. Man rejects the earth and abhors woman; *he detaches himself from the body*" (13, énfasis mío).

El símbolo más destacado que ilustra el antinatural consentimiento

---

[8]   Véase, entre otros, el amplio estudio de Elaine Showalter, *Sexual Anarchy: Gender and Culture at the Fin-de-Siècle*.

del hombre a la separación del cuerpo es el símbolo de la decapitación, del que participan figuras como Judith o Salomé. Estos mitos femeninos, recurrentes en el período finisecular, representan el contraste estereotípico entre la actitud materialista/corporal de las mujeres, (en sus variantes de perversidad -bacantes- o de inocencia lasciva -Salomé-), frente a la divina espiritualidad del hombre que simboliza la cabeza, trátese del poeta Orfeo o del visionario San Juan Bautista.

La figura de Salomé, que en palabras de Bram Dijstra "epitomized the inherent perversity of women" (384), aparecerá de forma implícita en las metáforas de desmembramiento de la poética de Agustini, en las que interviene también la aproximación órfica, necesariamente re-visada.

Un primer grado de "re-visión" que propone los textos de Agustini cumple con la definición de Adrienne Rich a que se adhiere con frecuencia la crítica feminista: "the act of *looking* back, of *seeing* with fresh eyes, of entering an old text from a new critical direction."[9] El segundo poema de CM, "De 'elegías dulces,'" ilustra dicha "re-visión" elaborada a partir de la secuencia mitológica de la pérdida definitiva de Eurídice al romper Orfeo el acuerdo de no mirar a su esposa hasta haber salido de los Infiernos. Esta secuencia, que dio lugar a los "misterios" posteriores como resultado de la estancia de Orfeo en el Hades, complementa el episodio posterior de desmembramiento del divino poeta que articula las imágenes de la fragmentación en los poemas de la autora uruguaya.

En primer lugar, el nivel de racionalidad propio de la figura apolínea de Orfeo se corresponde con la medida distribución del poema "De 'elegías dulces'" en la serie CM. El poema se sitúa después de la primera composición de CM, titulada significativamente "Fragmentos." Ambos textos se complementan entonces y se presentan como introducción dual del libro que apela implícitamente a la doble función del mito de Orfeo revisado por Agustini: por una parte la fragmentación o desmembramiento indicada en el poema "Fragmentos," y por otra el nivel específico de "re-visión" que alude también al episodio de la pérdida de Eurídice, y que se presenta en el poema "De 'elegías dulces'"

Esa dualidad temática, que presenta la doble vertiente metafórica de la estética de Agustini, se refleja también en la estructura del poema "De 'elegías dulces'." El poema aparece tipográficamente dividido en dos partes (I, II). La primera parte consiste en un soneto alejandrino en el que

---

[9]   Adrienne Rich, "When We Dead Awaken: Writing as Re-Vision," *On Lies, Secrets and Silence* (New York: W.W. Norton, 1979) 35. Citada en Ostriker (235).

los dos tercetos se presentan formando una unidad estrófica, con lo cual el poema aparece visualmente distribuido en tres unidades: dos cuartetos y un sexteto. La estructura tripartita se repite en la segunda sección de "De 'elegías dulces'," formada por tres estrofas ahora distribuidas en tres cuartetos endecasílabos. Al mismo tiempo, "De 'elegías dulces'" parece complementar temática y estructuralmente el último poema de los Cantos, "Los relicarios dulces," poema que se presenta en verso alejandrino y distribución especular: AAA B CCC B. Con esta vinculación a un tercer poema vuelve a elaborarse sobre la estructura tripartita que inevitablemente evoca la ordenación cristiana (Trinidad) y el valor simbólico tradicional del número tres como "síntesis espiritual" (Cirlot 329). La constante alusión al componente divino y espiritual en los textos de Agustini parece incidir en la implicación sublime de la experiencia poética cuyos misterios profanamente penetra la voz de la autora uruguaya.

Desde un punto de vista temático, la secuencia clásica de la pérdida de Eurídice parece revisarse en los poemas apuntados, en los cuales el yo lírico se explicita de mujer y se corresponde con el lamento del divino Orfeo. Por su parte, la pérdida de Eurídice se transfiere a la pérdida del amado, entidad que en el poema "De 'Elegías dulces'" se abstrae al lamento clásico por el paso implacable del tiempo. En último término, el sentimiento de pérdida alegoriza la función (meta)poética a partir de imágenes que elaboran sobre el silencio, esto es, sobre la imposibilidad última de representación de que el poema es metáfora.

En principio, en el canto "De 'Elegías dulces'," la hablante parece desdoblarse en el "tú" revisado, un "tú" que aparece en los cuartetos del primer texto en proceso de ausentarse definitivamente:

> Hoy desde el gran camino, bajo el sol claro y fuerte.
> Muda como una lágrima he mirado hacia atrás,
> Y tu voz, de muy lejos, con un olor de muerte,
> Vino a aullarme al oído un triste "¡Nunca más!"
>
> Tan triste que he llorado hasta quedar inerte...
> ¡Yo sé que estás tan lejos que nunca volverás!
> No hay lágrimas que laven los besos de la Muerte...
> -Almas hermanas mías, ¡nunca miréis atrás! (1-8)

Una aproximación metapoética al texto alternaría, por un lado, el "tú" de la experiencia pasada -asociable a la muerte de Eurídice,- y por otro el "yo" lírico femenino del presente -asociable a Orfeo-, que parece desdoblarse en el "tú" ausente:

> ¡Pobre mi alma tuya acurrucada
> En el pórtico en ruinas del Recuerdo,
> Esperando de espaldas a la vida
> Que acaso un día retroceda el Tiempo!...   (II, 9-12)

Como se ha indicado más arriba, la ausencia del amado-Eurídice, se transfiere a la elegía por el paso del tiempo, que se ultima "dulce," esto es, necesaria para la creación del poema. Eurídice/amante debe morir entonces, alegorizando con su muerte lo que Ignacio Javier López en su aproximación al discurso metapoético refiere como "muerte de la experiencia" (17). Una vez extinguida la experiencia de la que parte el poema se produce la imagen poética, a la que tiende el poema contemporáneo. El espacio intermedio entre la distancia de la experiencia o *logos* y el poema o *lexis*, es el "silencio" (López 17) que se manifiesta en el texto de Delmira mediante las imágenes complementarias de la *mirada* y del *llanto*: "Muda como una lágrima he mirado hacia atrás" (I 2), "Tan triste que he llorado hasta quedar inerte..." (I 5), ¡Pobres lágrimas mías las que glisan / A la esponja sombría del Misterio." (II 1-2). La mirada y el llanto estructuran entonces la función metapoética de "muerte de la experiencia" que se resuelve en el poema mismo. Es decir, frente al llanto por la muerte de Eurídice, petrificada a su vez por la mirada de Orfeo o del poeta (Ostriker 216), permanece el poema, el nivel de racionalidad o *lexis* que deriva en la mudez de Orfeo. Es por ello que la elegía o llanto permanece en un nivel voluntario, de mirada aniquiladora de la experiencia o pasado, y por lo mismo se adjetiva como "dulce."

La exploración metapoética insinuada en "De 'Elegías dulces'" explicita la función del poema como construcción de la imaginación de la hablante en el último texto de los Cantos, "Los relicarios dulces":

> Hace tiempo, algún alma ya borrada fue mía...
> Se nutrió de mi sombra... Siempre que yo quería
> El abanico de oro de su risa se abría,
>
> O su llanto sangraba una corriente más;
>
> Alma que yo ondulaba tal una cabellera   5
> Derramada en mis manos... Flor de fuego y la cera...
> Murió de una tristeza mía... tan dúctil era,

Tan fiel, que a veces dudo si pudo ser jamás...

En el poema "Los relicarios dulces," la abstracción imaginativa se articula tipográficamente mediante puntos suspensivos que fragmentan el texto. La fragmentación gráfica intensifica entonces el nivel de evocación creativa ("Hace tiempo, algún alma ya borrada fue mía... / Se nutrió de mi sombra... Siempre que yo quería" (1-2)), para adoptar imágenes dúctiles en la metáfora de las manos ("Alma que yo ondulaba tal una cabellera / Derramada en mis manos... Flor de fuego y la cera... / Murió de una tristeza mía... tan dúctil era" (5-7)). El verso final del poema refiere al nivel de abstracción creativa de la experiencia poética que emerge de la "muerte de la experiencia," a modo de "relicarios *dulces*," como antes lo fueron las "elegías": "Tan fiel, que a veces dudo si pudo ser jamás..." (8).

El discurso metapoético propuesto por Delmira Agustini supone entonces una mirada revisionista a la tradición dada la inserción de la voz de la mujer que penetra e invade "the sanctuaries of existing language" (Ostriker 211). Con la recreación en el fenómeno poético Delmira Agustini legitima a la autora como tal, esto es, a la escritora susceptible de autoridad literaria, capaz de indagar y enriquecer el misterio de la creación estética al que la tradición órfica había prohibido su entrada.[10] Fragmentación y revisionismo funcionan en último término como entidades legitimadoras y renovadoras de la expresión poética en la propuesta de Delmira Agustini.

SALOMÉ DECAPITADA:
DESMEMBRAMIENTO. DECAPITACIÓN. SINÉCDOQUE.

La voluntad *revisionista*, de mirar hacia atrás con actitud constructiva e innovadora, implica la incorporación del erotismo a la racionalidad metapoética del discurso órfico. En los poemas de Delmira Agustini la hablante misma se incorpora a las imágenes de la fragmentación que asigna al amado, implicación que complica los roles tradicionales desde un yo lírico que explicita su condición de mujer. El

---

[10] "Orfeo, a su regreso de los Infiernos había instituido unos misterios basados en experiencias recogidas en el mundo subterráneo, pero había prohibido que fuesen admitidas en ellos a las mujeres" (Grimal 392).

intercambio de imágenes entre el "yo" y el "tú" funciona entonces como estrategia revisionista que reinventa la tradición estética de la que parte y en la que se inserta Delmira Agustini.

En el poema "En silencio..." ("CV" 216), la hablante desmembra al amado mediante metáforas de alimentos que invitan a la devoración:

> Sufro vértigos ardientes
> Por las dos tazas de moka
>
> De tus pupilas calientes;
> Me vuelvo peor que loca
> Por la crema de tus dientes
> En las fresas de tu boca. . . . (3-8)

El deseo de desmembrar al amado en "En silencio..." resultará en el desmembramiento del propio yo lírico en la última estrofa del poema: "En llamas me despedazo / por engarzarme en tu abrazo" (9-10).

Por su parte, el poema "Plegaria" ("CV" 233-35) desmembra el cuerpo de las estatuas en una oración destinada al dios Eros: "Piedad para las pulcras cabelleras" (33), "Piedad para los labios como engarces" (42), "Piedad para los sexos sacrosantos" (49), etc.

Manteniendo la semántica religiosa, la hablante establece ofrendas a las *manos* del amante ("Para tus manos" "CV" 226-28), las cuales se conciben capaces del intercambio fecundador con el "yo" creador:

> Manos que sois de la Vida,
> Manos que sois del Ensueño;
> Que disteis toda belleza
> Que toda belleza os dieron. . . . (1-4)

A lo largo del poema "Para tus manos" se insiste tanto estructural como temáticamente en la reciprocidad entre el "yo" y el "tú" ("Que disteis toda belleza / Que toda belleza os dieron"), reciprocidad transmitida por la imagen creadora de las manos (las del amante elogiadas, las de la hablante que lo concibe/esculpe). Esto es, las manos del amado conciben y consuelan al yo lírico ("Manos que sois de la Vida"), al tiempo que son concebidas por el deseo y la imaginación de la hablante ("Manos que sois del Ensueño"). Al mismo tiempo, si la hablante reduce al amante a sus manos, ella misma aparece susceptible de fragmentación: "¡Llevad a la fosa misma / Un pétalo de mi cuerpo!" (19-20).

La ofrenda a las manos se extenderá a otras instancias del cuerpo fragmentado del amante como los *ojos*. La complicación de elementos simbólicos atribuidos a los ojos, entre los que destaca su cualidad espiritual y visionaria (Cirlot 339), se ejemplifica en un poema como "Fue al pasar" (CM 177) en el que los ojos del amante aglutinan metáforas corporales y de desmembramiento: "[tus ojos] Abiertos como bocas en clamor... Tan dolientes / Que un corazón partido en dos trozos ardientes / Parecieron..." (2-4). Del mismo modo, y manteniendo el recurso revisionista de intercambiabilidad de imágenes entre el "yo" y el "tú," los ojos del amado se equiparan a la capacidad visionaria de la propia hablante/poeta: "Ojos a toda luz y a toda sombra! / Heliotropos del Sueño! Plenos ojos /. . ./ Y en el azur del Arte, astros hermanos!" ("En tus ojos" "CV" 1-2, 34).

La implicación de lo espiritual en el fragmento del cuerpo, arquetípica en la referencia de los ojos a la visión estética, responde a una estrategia de alusión a la Totalidad de que la parte se pretende representación. Es por eso que Delmira Agustini implica en las sinécdoques que emplea lo que Lyotard denomina "la vocación por lo sublime" propia de la estética moderna (19). De este modo, los *ojos*, como se mencionó, aluden a la "visión": "Me abismo en una rara ceguera luminosa" ("Ceguera," "CV" 1). Por su parte, los *brazos* se extienden a las alas espirituales y a la creación poética: "¡Oh despertar glorioso de mi lira / Transfigurada, poderosa, libre, / Con los brazos abiertos tal dos alas" ("Primavera," CM 1-3);

Yo tenía...
                                        dos alas!...
Dos alas,
Que del Azur vivían como dos siderales
Raíces!...
. . . .
-Yo las *vi* deshacerse entre mis brazos...
¡Era como un deshielo!

("Las Alas," CM 173, 1-4, 35-36)

Consecuente a la abstracción de la imagen de los brazos, el *abrazo* del "amado" se abstrae a la totalidad cósmica: "¡Cruz que ofrendando tu infinito abrazo.... Pareces bendecir la tierra entera / Y atarla al cielo como un férreo lazo!..." ("A una cruz. *Ex voto*" CM 1, 3-4). El abrazo del *imposible*, implícito en la metáfora cristiana del poema "A una cruz," culmina en la imagen modernista del abrazo del Cisne-Zeus: "Yo esperaba suspensa el aletazo / Del abrazo magnífico..." ("Visión," "CV" 53-54). Este abrazo con el Ideal, que implica tanto la sexualización de la imagen del cisne como la incorporación del yo-Leda al intercambio sexual, se reconoce en los poemas de Agustini recíproco, esto es, enfatiza de forma provocativa y transgresora la propia divinidad de la hablante:

> -El Ángelus. -Tus manos son dos alas tranquilas,
> Mi espíritu se dobla como un gajo de lilas,
> Y mi cuerpo te envuelve... tan sutil como un velo.
>
> ("Día nuestro," "CV" 207, 12-14)

Si el abrazo es imagen del deseo de Totalidad de la hablante ("Los brazos de mi lira se han abierto. . . . ebrios / Del ansia visionaria de un abrazo" ("Primavera," CM 33-35), el *corazón*, símbolo de centro corporal y espiritual (Cirlot 145), especifica la función metapoética en los textos de Agustini. No obstante, la imagen convencional del corazón vendrá a ser desplazada por la imagen de la vagina, cuya forma asociada a la copa o cáliz (frecuente en los textos de Agustini) simboliza también el corazón (Cirlot 145).

En el poema "Nocturno" ("CV" 200-01), el corazón aparece asociado al "cuarto" o espacio de la imaginación creadora, que se presenta también como escenario poético:

> Mi cuarto...
> Por un bello milagro de la luz y del fuego
> Mi cuarto es una gruta de oro y gemas raras:
> Tiene un musgo tan suave, tan hondo de tapices,
> Y es tan vívida y cálida, tan dulce que me creo
> Dentro de un corazón... (3-8)

El corazón en las imágenes apuntadas semantiza entonces la vagina o espacio femenino desde el que crea y se remite el yo lírico de Agustini. Esta asociación puede apreciarse en el poema "La barca milagrosa" (CM 159), en el que la barca, cuya cualidad de continente evoca también la vagina, se asocia a la creación poética. En la imagen de la barca del poema apuntado convergen asimismo diversas imágenes que aluden a lo Absoluto, entre las que se encuentra la del "corazón sangriento" que vuelve a implicar en su alusión a la vagina y la sangre el componente motriz (matriz) de la construcción poética femenina: "La moverá el gran ritmo de un corazón sangriento / De una vida sobrehumana: ¡he de sentirme en ella / Fuerte como en los brazos de Dios!. . ." (5-7). La función metapoética de la barca, vinculada a la cualidad creativa/engendradora de la mujer a través de metáforas vaginales, había sido anunciada por Delmira Agustini en el poema que inicia su primer libro y, con él, su consecuente iniciación en la trayectoria o "travesía" poética:

> El ancla de oro suena, la vela azul asciende
> Como el ala de un sueño abierta al nuevo día,
> $\qquad$ ¡Partamos, musa mía!
> Ante la prora alegre un bello mar se extiende.

("Levando el ancla" LB 71, 1-4)

Pero el registro metapoético se transmite en los textos de Agustini principalmente a través del intercambio sexual de la hablante con el amante ideal o sobrehumano. En este sentido, el deseo o "sed" de alcanzar la Totalidad se incorpora al deseo sexual que domina la estética de Agustini, un deseo que intensificará la violencia y pasión de las imágenes que emplea la autora hasta derivar en el cliché finisecular del vampirismo: "Fiera de amor, yo sufro hambre de corazones" ("Fiera de amor," "CV" 1).

Finalmente, las imágenes de desmembramiento en la obra de Agustini culminan en la sinécdoque más representativa de lo Absoluto y con más incidencia en la simbología finisecular: la cabeza.

En principio, la *cabeza* simboliza "la sede de la fuerza espiritual" (Cirlot 164), siendo el cráneo representación del cielo, aspecto espiritual que enfatiza la forma esférica de la cabeza (Cirlot 112). La decapitación ritual, según refiere Cirlot, resulta entonces consecuencia del deseo de acceder a la espiritualidad que simboliza la cabeza (164), deseo que había sido apuntado más arriba a propósito del desmembramiento de Orfeo. Es por esta connotación simbólica que el mito favorito en la iconografía de fin de siglo, Salomé, desplazará su inicial presentación de ingenua bailarina instigada por la madre a pedir la cabeza del bautista, hacia la imagen más inquietante y perversa de la virgen cazadora de cabezas, de la aspirante a la divinidad de San Juan.

Rubén Darío asimila estos valores y define a las mujeres como "inconscientes, uterinas, o instrumentos de las potencias ocultas del mal."[11] El deseo de la mujer de acceder a la razón que le falta se reconoce entonces en el "deseo de pene" de la tradición freudiana que significativamente se formula durante este período. La continua fetichización de la mujer decapitadora (castradora) en las representaciones estéticas del fin de siglo parece responder entonces a una triple estrategia en que incurre el autor masculino. Por una parte, compensa o venga el complejo de castración implícito en el acto de descabezar al hombre. Por otra parte, pretende poner en evidencia la inherente animalidad de la mujer que contrasta con la racionalidad masculina. Al mismo tiempo, el fetiche de la mujer mutiladora parece justificar la obsesión estética del hombre, todavía vigente, de desmembrar el cuerpo de la mujer.[12]

Esta triple argumentación aparece ampliamente documentada por Bram Dijkstra en su libro *Idols of Perversity. Fantasies of Feminine Evil in Fin-de-Siècle Culture.*[13] Como afirma por su parte Sylvia Molloy a propósito de la fascinación modernista por el fetichismo del cuerpo de la mujer, "Turn of the century representation of woman, in Latin America and elsewhere, is haunted by dismemberment" (Introducción 116).

Delmira Agustini participa de la fascinación modernista por las imágenes de desmembramiento y de decapitación, una fascinación inserta en una larga tradición lírica de origen petrarquista. La condición de mujer de Delmira Agustini complica necesariamente la presentación tradicional de la que la autora parte para trascenderla y reinventarla de inmediato, y en último término legitimarse a sí misma en un período como el modernista que insiste en reducirla a un fetiche.

En principio, en las imágenes que utiliza Delmira Agustini, la cabeza decapitada del amado se relaciona con otras sinécdoques que aluden a la imaginación creadora. Así sucede con los ojos mentales que

---

[11] La cita corresponde a un artículo escrito por Rubén Darío en mayo de 1896 a propósito de la muerte de la poeta cubana Juana Borrero (Juana Borrero 249). En el mismo, Rubén Darío elogia la "naturaleza angélica" de Borrero que contrasta con el resto de las mortales a quienes califica con los adjetivos apuntados.

[12] En el estudio de Nancy J. Vickers sobre la representación fragmentada de la mujer, cuyo origen señala en las descripciones que hace Petrarca de Laura y en su utilización de un mito de la fragmentación como Acteón, -asociable a Orfeo,- la autora concluye que el afán de desmembrar a la mujer responde a un deseo del poeta de acceder a su propio sentido de unidad y creación artística. Véase nota 10 del primer capítulo de este libro.

[13] Para un estudio sobre la mujer mutiladora, véase en particular el capítulo IX del trabajo de Dijkstra: "Gynanders and Genetics; Connoisseurs of Bestiality and Serpentine Delights; Leda, Circe, and the Cold Caresses of the Sphinx" (272-332).

construyen desde el sueño la cabeza del amado, depositándola en las manos del yo lírico: "La intensa realidad de un sueño lúgubre / Puso en mis manos tu cabeza muerta" ([Sin título], CM 165, 1-2);

> ...¿Un ensueño entrañable?... ¿Un recuerdo profundo?...
> ....
> -Tus sienes son dos vivos engastes soberanos:
> Elige una corona, todas van a tu frente!-
> Y yo las vi brotar de las fecundas manos. . . .
>
> ("Las coronas," CM 170, 1, 4-6)

La imagen de la cabeza inerte en las manos de la hablante enfatiza su sentimiento de posesión: "¡Era tan mía cuando estaba muerta!" ([Sin título], CM 165, 6);

> Engastada en mis manos fulguraba
> Como extraña presea, tu cabeza;
> Yo la ideaba estuches , y preciaba
> Luz a luz, sombra a sombra su belleza.
>
> ("Tú dormías...," CM 178, 1-4)

Por lo mismo, la indicación de vida en la cabeza revela la desposesión del "yo," es decir, demuestra el carácter ficticio de la construcción imaginada: "Así tan viva cuanto me es ajena" ([Sin título], CM 165, 12); "¡Ah! tu cabeza me asustó... Fluía / De ella una ignota vida... " ("Tú dormías...," CM, 12-13).

En último término, el poder de la imaginación del yo lírico subordina la imagen totalizadora de la cabeza del "tú" a la capacidad creadora de la mujer hablante:

> Ha de nacer a deslumbrar la Vida,
> Y ha de ser un dios nuevo!
> Las culebras azules de sus venas
> Se nutren de milagro en mi cerebro...
>
> ("El surtidor de oro," "CV" 9-12)

La innovadora inserción del cuerpo del "yo" lírico femenino, que intercambia con el "tú" las imágenes del deseo ("Yo me interné en la Vida, dulcemente, ¡soñando / Hundir mis sienes fértiles entre tus manos pálidas!..." ("Las coronas," CM 15-16)), responde entonces a una necesidad última de presencia, de autorrepresentación en un período obsesionado con la fragmentación del cuerpo de la mujer. El recurso de las imágenes vaginales responde a esta estrategia de autorrepresentación y legitimación artística, imágenes que culminan en la metáfora principal de las *manos* que contienen, como el cáliz o la matriz, la totalidad espiritual de la cabeza divina sangrante (o seminal). La culminación metapoética de dicha imagen, que subvierte la iconografía finisecular, se ultima en el poema "Lo inefable" (CM 168):

> Yo muero extrañamente... No me mata la Vida,
> No me mata la Muerte, no me mata el Amor;
> Muero de un pensamiento mudo como una herida...
> ¿No habéis sentido nunca el extraño dolor
>
> De un pensamiento inmenso que se arraiga en la vida,   5
> Devorando alma y carne, y no alcanza a dar flor?
> ¿Nunca llevasteis dentro una estrella dormida
> Que os abrasaba enteros y no daba un fulgor?...
>
> Cumbre de los Martirios!... Llevar eternamente,   10
> Desgarradora y árida, la trágica simiente
> Clavada en las entrañas como un diente feroz!...
> Pero arrancarla un día en una flor que abriera
> Milagrosa, inviolable!... Ah, más grande no fuera
> Tener entre las manos la cabeza de Dios!

El poema "Lo inefable" se estructura como un soneto alejandrino en el que los tercetos aparecen unificados en una misma estrofa, al estilo habitual de Agustini. Sintácticamente pueden reconocerse cuatro partes en el soneto. La primera parte extiende la negación anafórica de los primeros versos: "....No me mata la vida / No me mata la Muerte, no me mata el Amor" (1-2), a la segunda parte de cuestionamiento retórico: "¿No habeis [sic] sentido nunca....?" (4), "¿Nunca llevasteis dentro....?" (7). Los tercetos aparecen por su parte divididos por la adversativa "pero" (12). La última frase aglutina la intención del poema mediante la analogía que pretende expresar el deseo indicado en el título del poema, esto es, el deseo de expresar "lo inefable": ". . . .Ah, más grande no fuera / Tener entre las manos la cabeza de Dios!" (13-14).

Temáticamente, el poema se mueve entre las polaridades de la mente y el cuerpo, de la palabra y la carne, dualidad que connota la doble acepción de la palabra "lengua" en castellano (órgano muscular y también idioma, palabra). En el espacio intermedio creado por tal dualidad se localiza lo inefable, que se implica gráficamente en el poema mediante elipsis e interrogaciones retóricas, y también mediante el recurso estilístico de la paradoja. La paradoja es un recurso utilizado con frecuencia por la poesía mística dado su poder de trascender el sentido de sus componentes hacia el espacio inaprensible de lo inefable al que pretende aludir la poeta.

La experiencia sublime que la hablante desea formular en "Lo inefable" se identifica en el quinto verso con el "pensamiento inmenso," pensamiento que aparece también como el agente mutilador de la dualidad esencial apuntada más arriba, implicando en ello la lucha por la precisión poética: "No habéis sentido nunca el extraño dolor /De un pensamiento inmenso que se arraiga en la vida, / Devorando alma y carne, y no alcanza a dar flor?" (4-6). El uso de la paradoja en los versos inmediatos intensifica la aspiración de lo sublime a que tiende el poema: "¿Nunca llevasteis dentro una estrella dormida / Que os abrasaba enteros y no daba un fulgor?..." (7-8).

El conflicto continuo entre el cuerpo y la mente, intensificado con la semántica de la violencia como "devorar," "abrasar," "desgarrar," culmina en la metáfora femenina de engendramiento que relaciona tanto creatividad como sexualidad en una revisión implícita de la encarnación bíblica: "Cumbre de los Martirios!... Llevar eternamente, / Desgarradora y árida, la trágica simiente / Clavada en las entrañas como un diente feroz!..." (9-11).

En el último terceto, el objeto de desmembramiento, asociado a la hablante, traslada su rol pasivo ("Clavada en las entrañas como un diente feroz!..." (11)), hacia un rol activo, de deseo de acción (y subversión) en que culminará el poema. Esa transferencia se indica también mediante la paradoja de la "flor arrancada" por la hablante, al mismo tiempo "abierta" e "inviolable": "Pero arrancarla un día en una flor que abriera / Milagrosa, inviolable!..." (12-13). Desde ese deseo, el "yo" invertirá la violencia previa, trasladándola hacia un deseo primordial de alcanzar la palabra, de expresar lo inefable. Sin embargo, tal deseo, como el sentimiento kantiano de lo sublime en la lectura de Lyotard, permanece en el estadio del deseo, en la imposibilidad de representación incluso cuando la mente, transferida a la matriz de la poeta, sea capaz de concebirlo.

Al implicarse el cuerpo y el yo femenino de la hablante, el poema subvierte entonces, entre otros niveles de revisión, los mitos patriarcales de desmembramiento y decapitación. Junto a la figura de Orfeo, otras fascinaciones misóginas de fin de siglo como Salomé o Judith aparecen susceptibles de revisión.

Como se explicó más arriba, Orfeo, como San Juan Bautista, representa la esencia divina de la mente, asociada a lo masculino, sobre la irracionalidad de la materia, representada por la mujer. De este modo, tanto las Bacantes que desmembran a Orfeo como Salomé que provoca la decapitación de San Juan responden a la consecuencia última de la racionalidad masculina que informa la estética postmoderna del silencio. Citando de nuevo a Ihab Hassan: "Man rejects the earth and abhors women; he detaches himself from the body" (13).

En la lectura del mito de Orfeo que propone Hassan, el silencio/arte se interpreta como rechazo a la naturaleza/vida, silencio que inscribe la metáfora de "la lira sin cuerdas" que informa el arte postmoderno ("Lyre Without Strings"). El desmembramiento de Orfeo responde, por lo tanto, al propio deseo del poeta, utilizando a las bacantes para el efecto. Paralelamente, Salomé refleja el deseo inicial de Herodes de matar a San Juan Bautista, según relata la historia original bíblica frecuentemente desatendida en favor de la lectura más popular que incide en la perversidad femenina (Herodias, la madre, instigando a Salomé, la hija, a decapitar al santo). En el Evangelio de San Mateo se relata lo siguiente:

> Herodes había prendido a Juan, le había encadenado y puesto en la cárcel, por causa de Herodías, la mujer de su hermano Filipo. Porque Juan le decía: "No te es lícito tenerla." Y aunque quería matarle, temió a la gente, porque le tenían por profeta. (Mt 14, 3-5)

La solución al conflicto de Herodes se resuelve usando a Herodías como chivo expiatorio, es decir, utilizando a la mujer en su cualidad de diferendo u "otro" en que se imprimen todos los males y perversiones. Como la mayoría de figuras de las diversas tradiciones canonizadas por la pluma del hombre (Eva, Pandora, Lilith, Malinche), Herodías será considerada culpable, primero, por suscitar los deseos de Filipo de casarse con ella, y por último, por el asesinato de San Juan Bautista.

Como indican los ejemplos mencionadas, las mujeres en la tradición que el hombre ha canonizado, actúan convenientemente como espejos de los deseos masculinos, y como tales se instituyen en construcciones de los mismos deseos. La asociación de la mujer a la

Naturaleza forma parte de esa construcción, fácilmente subvertible cuando la mujer se apropia del "yo" poético, esto es, cuando la mujer adopta el punto de vista órfico. Es el caso de Delmira Agustini, cuya inserción del cuerpo y de la voz poética de mujer complica las fosilizaciones inherentes al concepto de fragmentación y silencio especulado por la tradición patriarcal.

Según Ihab Hassan el silencio, en la divinidad de la razón del poeta, "fills the extreme states of the mind -void, madness, outrage, ecstasy, mystic trance- when ordinary discourse ceases to carry the burden of meaning" (13). El poema "Lo inefable" de Delmira Agustini ejemplifica esa percepción del silencio a través de la imagen polisémica de la muerte: "Muero de un pensamiento mudo como una herida..." (3). Sin embargo, las imágenes planteadas por Delmira Agustini no rechazan, como Orfeo, el cuerpo y el erotismo, sino que por el contrario, la poeta elabora sobre imágenes sexuales que con frecuencia invierten los roles tradicionales de sujeto/objeto además de transmitir el concepto metapoético mediante metáforas que aluden al cuerpo de la mujer. En la necesidad de autodefinirse en una tradición que percibe a la mujer como objeto del deseo del hombre, la autoduplicación y la fragmentación responde en las mujeres poetas a una estrategia última de presencia. Como señala Silvia Molloy, "To rewrite woman's body, or fragments of that body is also to rewrite its desire" (Introducción 119).

El deseo de Delmira Agustini se inscribe en las metáforas que emplea la autora, en las cuales, como señalaba "Lo inefable," se logra aludir a la Totalidad por sinécdoque, al cuerpo de Dios por su cabeza, esto es, al espíritu de la divinidad en las manos de la hablante que funcionan como instrumentos de la creación poética, como la matriz que engendra la Totalidad. Si la hablante concibe un amor sobrehumano, lo hace para ser inseminada a su vez, para dar voz a su deseo como una estrategia última de supervivencia. En este sentido, la visión del yo lírico de Delmira se presenta contemplativa: "in a macabre reversal of *modernismo*'s basic situation . . . here it is the woman poet who contemplates a dead head as art object" (Molloy, Introducción 117). Al mismo tiempo, su "re-visión," en el argumento de Sylvia Molloy, resulta espectacular.[14]

---

[14]   "To those lacking representation, mirror images are not only specular, they are often spectacular. . . . in text written by women the same mythologies are often assumed actively, read against the grain, recombined creatively, inverted drastically, to fit individual images" (Molloy, Introduction 112).

Las imágenes utilizadas por Delmira Agustini subvierten, en definitiva, los mitos patriarcales de desmembramiento y de decapitación. Salomé, Judith, Orfeo, trascienden la lectura misógina para adoptar la figura principal de la creación poética, de la creación erótica. La convergencia de roles y las multiplicaciones del "yo" de la imaginación de Agustini, permiten subvertir tales imágenes al tiempo que confieren presencia e identidad al poder divino de la "voz" de la hablante, al deseo silenciado de la mujer creadora.

La propia Delmira Agustini respondió literalmente al fetichismo de la época que la percibía a ella también como objeto y como texto literario susceptible de fragmentación. Delmira Agustini sufrió en la realidad la metáfora del desmembramiento y de la decapitación al recibir dos disparos en la cabeza efectuados por su ex-marido en un cuarto donde mantenían una relación sexual clandestina. La leyenda de la vida y de la muerte de Delmira Agustini inició entonces su espectacular recorrido, imponiéndose muchas veces sobre su extraordinario corpus poético.

Desmembrada por el análisis sensacionalista o académico, Delmira Agustini logra, no obstante, trascenderse a sí misma en el pronóstico de un entusiasta anónimo: "Hay cepa en ella de poetisa y hay vigor de fuerzas para vibrar las cuerdas de la lira hasta romperlas, en un día no lejano."[15]

---

[15] "Una poetisa precoz," *La Alborada*, 1 Marzo 1903. Citado por Rosenbaum (65).

VI

DE MUSA A MEDUSA:

Delmira Agustini y la ambigüedad del cisne

Yo ahora, quisiera convertirme en un Jordán,
para que sus olas, vertiéndose sobre su cuerpo, le
dieran la Vida Eterna.

Madame Pompadour

Los astros del abismo y *El rosario de Eros* se publican en 1924, diez años después de la muerte de Delmira Agustini. Ambos volúmenes fueron supervisados por la familia Agustini y compilan las *Poesías Completas* que la autora publicó en vida, además de una serie de poemas inéditos que aparecen en el volumen *El rosario de Eros.*[1] El carácter póstumo de ambas obras plantea numerosos problemas de edición todavía por solucionar, problemas que fueron complicándose en las sucesivas ediciones de las poesías de la uruguaya.

Ejemplo de inconsistencia entre ediciones es el último poema de la sección "De fuego, de sangre y de sombra" con que finalizaba la edición *Los cálices vacíos*, poema titulado "Ave, envidia!" (238-39). Ese mismo poema había aparecido bajo el título "Variaciones" en la primera edición de *El libro blanco* (121), poema al que se añadía una serie de versos que se ha estimado corresponden a un texto independiente unido a "Variaciones" por error de impresión (Machado 401; García Pinto 145, 147). Al mismo tiempo, en el poema "Variaciones" se observan, de forma apropiada al título, diversas "variantes" sobre "Ave, envidia!."

En la edición selectiva de Zum Felde (1944) y en la "Edición Oficial" (1940), el poema bajo el título "Ave, envidia!" aparece incorporado

---

[1]   La edición que utilizaré en las referencias a *El rosario de Eros* es la de Magdalena García Pinto, y aludiré a la misma mediante las abreviaturas RE para el volumen general, y "RE" para la serie de versos homónima del libro.

a *El libro blanco*. Por su parte, "Variaciones" apareció en la edición de 1940 formando parte de un grupo de poemas tempranos de la escritora editados originalmente en la revista *La Alborada* (1901-1904). Magdalena García Pinto incluye "Variaciones" a *El libro blanco* (145-46), independizado de los versos que vendrán a constituir el poema "La agonía de un sueño" (147-48), y no vuelve a incluirlo en *Los cálices vacíos*.

La inconsistencia mencionada, parcialmente documentada por Ofelia Machado de Benvenuto a propósito del poema "Ave, envidia!" (401-04), resulta frecuente en las ediciones póstumas en que se incorporan criterios personales al rigor editorial. Alberto Zum Felde decide establecer su propia selección de poemas de Agustini en una edición que arbitrariamente titula *Poesías completas*. El criterio supuestamente "racionalizador" en que se basa, criterio que Zum Felde asocia al hombre: "las dos maneras de abstracción intelectual, la metafísica y la matemática, son característicamente masculinas" (Prólogo 29), desatiende, sin embargo, el rigor tanto editorial como documental: "Delmira Agustini había sido hallada en una ajena alcoba, muerta de un balazo en el corazón" (Prólogo 37). Recuérdese que Agustini fue asesinada por su ex-marido de dos tiros en la cabeza, "uno en el pabellón de la oreja izquierda y otro en la región temporo-parietal izquierda" (Machado 55).

Raúl Montero Bustamante, encargado de la "Edición Oficial" de 1940, no cuestiona los problemas editoriales, y se limita a elogiar a Delmira en términos que la insertan en la iconografía al uso: "joven musa" (xi), "pequeña Ofelia" (xi), "maravillosa corola humana" (xiv). La retórica abundante del prólogo se resuelve en una discreta frase final: "Delmira Agustini murió en Montevideo el 6 de julio de 1914" (xix).

Además de una serie de antologías y compilaciones de variado criterio selectivo, apareció en 1971 la edición de Manuel Alvar que sigue el criterio de las publicaciones supervisadas por la propia autora, y por lo tanto no recoge los poemas póstumos aparecidos en *El Rosario de Eros*. Si la aproximación editorial que propone Alvar parece una de las más rigurosas, la proyección crítica adolece de numerosas limitaciones, como la de afirmar la rotunda falta de originalidad en Agustini: "En nada que fuera externo supo sustraerse a la moda de su momento," afirma el crítico (56). Lo que Alvar califica de "superficialidad lírica" en la autora, ejemplificada en lo que considera utilización meramente ornamental del cisne (19), será cuestionado en este estudio.

Por su parte, Magdalena García Pinto presenta una exhaustiva edición de los textos de la autora uruguaya (1993). Su compilación recoge "casi todos los poemas publicados e inéditos de Agustini" (41). El minucioso trabajo tiene en cuenta las principales variantes y discrepancias entre ediciones, dando prioridad a las correcciones y transcripciones de originales que se encuentran en el valioso "Archivo de Delmira Agustini" ubicado en la Biblioteca Nacional de Montevideo. El trabajo editorial de García Pinto incluye un importante estudio contextualizador de la obra de Agustini en el ambiente crítico del período.

Asimismo, la reciente edición crítica de Alejandro Cáceres de las *Poesías Completas* de Delmira Agustni (1999) incide en la perspectiva revisionista, analiza la cronología, obra y recepción académica de la autora, añadiendo a su extenso estudio y compilación una serie de textos menos conocidos o inéditos de la escritora uruguaya.

En el presente capítulo incidiré en el análisis de los poemas de *El rosario de Eros* en los que se enfatizan las imágenes violentas presentes en la producción anterior de Agustini. Entre las mismas se encuentran las imágenes de "la serpiente," "el vampiro," y en particular "el cisne," que serán utilizadas por la autora de una forma provocativa y revisionista que complica las fosilizaciones de la convención finisecular.

EL ROSARIO DE EROS. EVA Y AVE.

El volumen *El rosario de Eros* (RE) recoge una serie de poemas inéditos encabezados por un grupo homónimo del libro, "El rosario de Eros" (277-81) ("RE"). Este grupo o poema está construido a la manera de la plegaria abreviada del rosario en el culto católico. Como en el Rezo abreviado dedicado a la Virgen, cinco son también los "rezos" o poemas de "RE." Los textos de Agustini se *ensartan* mediante cinco grupos respectivos de "cuentas" o versos dedicados a Eros, finalizando cada uno de ellos con la letanía "¡Tú me lo des, Dios mío!"

El primer grupo de versos, "Cuentas de Mármol," alude al potencial de un Dios esculpido en relación carnal con el yo lírico, relación que evoluciona hacia el ideal de la Unión: "... y, ¡seremos un dios!" (14). El segundo grupo, "Cuentas de Sombra," intercambia la dimensión creativa de Eros y de Tánatos: "Los lechos negros logran la más fuerte / Rosa de amor; arraigan en la muerte" (1-2). Por su parte, "Cuentas de Fuego" refiere a la creación vinculada al acto sexual, en la que se añade implícitamente la espiritualidad órfica: "-La seda es un pecado, el desnudo es celeste" (3); "O una cálida lira dulcemente rendida / De canto y de silencio..." (6-7). El siguiente grupo, "Cuentas de Luz," sugiere la capacidad visionaria del "yo," al que acecha y sobre el que se impone el misterio: "Como un cisne sonámbulo duerme sobre mi sueño" (6). Por último, en "Cuentas Falsas" convergen algunas de las metáforas anteriores en la imagen aglutinadora de los "cuervos negros" deseantes de "carne rosa":

> Los cuervos negros sufren hambre de carne rosa;
> En engañosa luna mi escultura reflejo,
> Ellos rompen sus picos, martillando el espejo,
> Y al alejarme irónica, intocada y gloriosa,
> los cuervos negros vuelan hartos de carne rosa. (1-5)

En "Cuentas Falsas" la hablante se incorpora a diversos niveles que señalan, finalmente, su entidad ilusoria. Así se presenta en la imagen de la escultura reflejada "en engañosa luna" (2), o en la de la carne "inviolada" o *virgen* que provee paradójicamente de alimento a los cuervos (3). Los cuervos aparecen entonces como símbolos carnales: "Pico de cuervo con olor de rosas, / Aguijón enmelado de delicias / Tu lengua es. . . ." ([Sin título] RE 287, 5-7). Por el mismo criterio, la imagen de "los cuervos" resulta intercambiable con otras que utiliza Delmira en sus textos: "la serpiente," "el buitre," o "el vampiro." Estas imágenes de referencia animal intensifican en RE el grado de violencia presente ya en las metáforas carnales de *Los cálices vacíos*.

El poema o grupo de cinco textos titulado "El rosario de Eros" antecede en la "Edición Oficial" quince poemas. Ese número de poemas coincide también con el número de partes del rosario católico. La subversión de las metáforas cristianas se mantiene y complica entonces, desembocando en la dicotomía especular de "Eva" y "Ave." El término "Ave" participa, a su vez, de la connotación espiritual "alada" que culmina en la imagen del cisne.

Si en el culto católico el elogio a María (representada por el símbolo de la rosa sin espinas), articula la serie de rezos en un ramo de rosas o "rosario" que se ofrendan a la madre de Dios, en las metáforas sexuales que utiliza Delmira, la figura de Eros invierte las imágenes marianas. Por una parte, Eros, al ser el dios de la carne, responde también a la simbología tanto del color rosa como de la flor del mismo nombre. De acuerdo con Eduardo Cirlot, en la simbología de la rosa convergen carnalidad y espíritu, asociándose esa flor al "centro místico," además de ser emblema del "jardín de Eros" y de Venus (390).

Al mismo tiempo la figura de Eros, en intercambio carnal con la hablante, logra la concepción de una entidad sobrehumana (asociable a Cristo) frecuente en la iconografía de Agustini. Tal sobrehumanidad, asociada a instancias cada vez más violentas que intensifican el grado de "espinas" en la rosa simbólica que incorporan, culmina la dicotomía sagrada en la imagen del monstruo. El vampiro, la medusa, el cisne en último término, ejemplifican ese nivel de monstruosidad que también fascinó a la imaginación dual de fin de siglo, imaginación que contrapuso a la figura santa y virgen de Ave, aquella carnal y monstruosa de Eva.

La prioridad de las imágenes carnales se había insinuado ya en la primera producción de Delmira Agustini, *El libro blanco*. Precisamente el poema "Variaciones" de LB, reeditado con variantes en "CV" bajo el título "Ave, envidia!," utiliza metáforas violentas de alusión animal: "áspid," "reptil," "escamas," "cóndor herido," "estrecha y muerde." Hacia el final de "Variaciones" se produce la combinación emblemática de la "musa" y de la "Medusa," señalándose la transición de la primera hacia la segunda: "Cruces soñadas a mi blanca musa, / Si ha de vivir hasta cegar un día / Tus siniestras pupilas de Medusa!" (27-29). Dicha convergencia establece la opción carnal en los versos con que termina significativamente el último poema de CV, "Ave, envidia!": "Quiero mostrarme al porvenir de frente, / Con el blasón supremo de tu diente / En los pétalos todos de mi vida!" (36-38).

Las metáforas de vampirismo y canibalismo intensificarán su audacia en CV para culminar en RE. De hecho, algunos de los poemas editados en RE formaban parte del "cuarto" manuscrito de Delmira Agustini donde se encontraban también los poemas que formaron el conjunto de CV (Machado 521-56). Los poemas desestimados en CV fueron, sin embargo, publicados en vida de la autora en diversas revistas literarias.[2] Esto puede indicar tanto el avance de una compilación posterior, según se advierte en el epígrafe "Al lector" de CV, como una desestimación de tales poemas que dificulta un estudio principalmente centrado en los volúmenes publicados en vida, y que constituye el objetivo de mi planteamiento. Es por ello que el análisis que establezco a continuación se detiene principalmente en los

---

[2]   Ofelia Machado de Benvenuto ha compilado un útil "Indice de publicaciones" realizadas en vida de la escritora uruguaya (89-95). Entre ellas se encuentran la mayoría de los poemas compilados póstumamente en RE: "La Cita," "Anillo," "Serpentina," "Sobre una tumba cándida," "Mi Plinto," "El Dios duerme," "En el camino," "Las voces laudatorias" y "Con Selene." Este último poema aparece en el índice de la "Edición Oficial" como "Selem," ejemplo de las numerosas erratas de que adolece la edición.

poemas integrados a tales volúmenes, relegando a un plano secundario los textos compilados bajo el título genérico de *El rosario de Eros*.

Entre las imágenes de animalidad en las que interviene el "yo" de la imaginación de Delmira Agustini, se encuentran "la serpiente;" las variantes de ave de rapiña como "el cuervo" o "el buitre;" y por último, la figura de "el cisne" en relación con el mito de Leda. La animalización de la mujer, que era habitual en la iconografía misógina de la época, se extiende necesariamente al concepto del monstruo, cuya imagen se presenta en la obra de Agustini principalmente en las figuras del Vampiro y de la Medusa.

LA SERPIENTE

La simbología de la serpiente responde a una larga tradición que conecta con los mitos de Lilith, Salambó, y, principalmente, Eva. Si en el relato bíblico Eva es tentada por el demonio en la figura de la serpiente, la tradición extendió la malicia del reptil a la propia Eva al tentar a su vez a Adán. "Woman was not only tempted by the snake but was the snake herself," afirma Bram Dijkstra (305). La serpiente simboliza entonces las variantes del mal asociadas a la sexualidad: tentación, perversidad, deseo.

Al mismo tiempo, la forma fálica de la serpiente, a la manera de "detached fallus" (Dijkstra 310), contribuyó a la obsesión por la representación misógina de fin de siglo. La figura desnuda de la mujer aparecía en relación amorosa con el reptil, añadiendo a la morbosidad del encuentro la asociación entre ambas criaturas predatorias. Una aproximación psicoanalítica relacionaría tal obsesión al miedo esencial masculino de ser castrado. La presunta castración vendría provocada por variantes de la perversidad femenina. Por un lado, la consecuencia de la danza voluptuosa, "serpentina," de la mujer, es la causa ulterior de la decapitación-castración del hombre como en el mito de Salomé. Por otra parte, la mirada femenina es aniquiladora, incluso una vez decapitada, como aparece en un mito que incorpora también a la serpiente: la Medusa.

Delmira Agustini utiliza con recurrencia las imágenes de la serpiente en su valor principal de carnalidad y de deseo: "Y va arrastrando el deseo / En una cauda rosada..." ("El cisne," "CV" 31-32); "....por el tronco de piedra / Ascendió mi deseo" ("Fiera de amor," "CV" 7-8). Si con frecuencia Delmira Agustini subvierte la utilización de ciertos mitos mediante estrategias como el intercambio de roles entre el "yo" y el "tú," la autora también elabora sobre la asociación de la hablante a la iconografía tradicional, tradición que asocia la serpiente con lo femenino:

> Y era mi mirada una culebra
> Apuntada entre zarzas de pestañas,
> Al cisne reverente de tu cuerpo.
> Y era mi deseo una culebra
> Glisando entre los riscos de la sombra
> ¡A la estatua de lirios de tu cuerpo!

("Visión," "CV" 36-41)

En el poema "Visión" (210-12), la figura de la serpiente se extiende a otras variantes iconográficas de la época, variantes que señalan, en último término, a la dicotomía esencial de carnalidad frente a pureza. De este modo, la mirada "serpentina" del yo lírico, asociable a la mirada aniquiladora de Medusa, simboliza en el poema el deseo y la perversión: "Y era mi mirada una culebra" (36). Ese deseo pretende acceder al espíritu y a lo sagrado simbolizados por las imágenes del "cisne reverente" (38) y de la "estatua de lirios" (41).

Sin embargo, el intercambio entre el "yo" y el "tú" en el poema "Visión" altera los roles tradicionales masculinos y femeninos de la tradición amorosa. En principio, el yo lírico femenino en el poema "Visión" se presenta acostado en el lecho, lecho hacia el que se inclina el amante hasta un grado que insinúa el coito: "¡Y te inclinabas más que todo eso!" (35). No obstante, la seducción viene codificada no por el "tú" activo, sino por el "yo" supuestamente pasivo, recipiente y expectante: "Y esperaba *suspensa* el aletazo / Del abrazo magnífico..." (53-54) -énfasis mío.-

Por otra parte, el "tú" masculino en el poema "Visión" se asocia a imágenes "anorexicas," fundamentalmente espirituales y sagradas, de anulación del cuerpo. Esta presentación invierte la imagen tradicional de la mujer frágil al asociarse en el poema a lo masculino: "supremamente" (11), "enfermo" (15), "creyente" (18), "sauce de la Melancolía" (23-24), "torre de mármol" (26-27), "tristeza" (28).

Como contrapartida, el yo lírico femenino adopta en el poema imágenes corporales y de receptáculo, de alusión a la "feminidad," vaginal y pasiva, feminidad que evoluciona hacia la mencionada iconografía de la serpiente: "copa" (12), "Muerte" (17), "oblea" (19), "lecho" (31), "silencio" (25), "mirada de culebra" (36).

Por último, el enfrentamiento entre el "yo" y el "tú" no llega a resolverse o a culminarse porque al final del poema se revela el valor de construcción imaginativa de todo el escenario poético. Esa construcción se ha establecido mediante la "visión" del yo lírico que se explicita de mujer:

> Y esperaba suspensa el aletazo
> Del abrazo magnífico...
> ¡Y cuando,
> Te abrí los ojos como un alma, y vi
> Que te hacías atrás y te envolvías
> En yo no sé qué pliegue inmenso de la sombra! (53-58)

De este modo, el "yo" activo femenino acaba por imponerse en el poema. No obstante, esta imposición de la mujer podría también codificar la angustia primaria del hombre ante el anhelo decapitador/castrador de la mujer. Es decir, el poema podría ejemplificar, como Salomé u otros mitos misóginos de la época, el deseo de la mujer de acceder a la razón divina, atributo asignado por la tradición al hombre.

Sin embargo, en una inversión de los códigos tradicionales, Delmira logra imponer su "yo" racional, su capacidad de abstracción "cerebral" elogiada por ciertos críticos como Fernández Ríos (PC 189), y que cuestiona la distribución de roles. En el poema "El surtidor de oro" ("CV," 221-22), se aprecia tal subversión que se establece por la capacidad creadora del yo lírico, capacidad a la que se añaden imágenes de agresividad carnal:

> Debe ser vivo a fuerza de soñado,
> Que sangre y alma se me va en los sueños;
> . . . .
> Las culebras azules de sus venas
> Se nutren de milagro en mi cerebro... (7-8, 11-12)

Por su parte, el poema "El dios duerme" (RE 299) repite la dicotomía carne-espíritu en las imágenes contrapuestas de la serpiente y del ave espiritual, ave que se refiere ahora a la paloma: "-Las serpientes del mundo, apuntadas, acechan / Las palomas celestes que en tu carne sospechan-" (5-6). Una vez más la citada dicotomía apunta a los roles respectivos de la mujer (que se presenta en el poema como Julieta), y del hombre (Julio muerto, asociado al dios que duerme).

El poema "Serpentina" (RE 294-95) especifica, por último, la vinculación de la hablante a la serpiente: "En mis sueños de amor, ¡yo soy serpiente! / Gliso y ondulo como una corriente" (1-2). No obstante, frente a los rasgos femeninos de seducción: "Mi cuerpo es una cinta de delicia, / Glisa y ondula como una caricia..." (7-8), conviven los elementos más inquietantes de la sabiduría del demonio, figura tradicionalmente asociada a lo masculino: "....la punta del encanto / Es mi lengua... ¡y atraigo como el llanto! / Soy un pomo de abismo" (4-6). La combinación de deseo carnal y deseo de "conocimiento" propia de la simbología bíblica, converge, finalmente, en el "yo" (travestido) de la imaginación de Delmira Agustini:

> Si así sueño mi carne, así es mi mente:
> Un cuerpo largo, largo de serpiente,
> Vibrando eterna, ¡voluptuosamente! (15-17)

EL VAMPIRO

Si la serpiente señala la voluntad predatoria de la mujer respecto a la divinidad considerada esencialmente masculina (como Dios o San Juan Bautista), otras figuras monstruosas propias del siglo aparecerán en la obra de Delmira Agustini con similares atribuciones, principalmente la imagen aglutinadora del vampiro.

El vampiro es una figura vinculada desde sus inicios a la sexualidad. La absorción nocturna de la sangre de la víctima se asoció de inmediato en la imaginación finisecular -influenciada por el lastre de la sífilis,- a la imagen de la mujer lasciva, de insaciable sed seminal/vital (Dijkstra 334). Delmira Agustini no escapa a la influencia de tales connotaciones. Sin embargo, como apunta Patricia Varas, la presentación subversiva del mito en la obra de Agustini no sólo incluye la subjetividad de la mujer/vampiro, denegada durante el modernismo, sino también la intersubjetividad con el amante/víctima, desatendida asimismo por la perspectiva unilateral de Baudelaire y los modernistas (153).

En principio, la imagen vampiresca aparece de forma explícita en *Cantos de la mañana* en el poema "El vampiro" (160). La figura del vampiro, con sus variantes de "buitre" o "cuervo," se intensificará en los libros posteriores de Agustini, si bien a lo largo de toda su obra se insinúa en metáforas indirectas que aluden a la absorción vital o espiritual.

En el poema "El vampiro," como en "Fiera de amor" ("CV" 223), la imagen del vampiro aparece asociada al yo lírico: "Tu herida mordí.... Y exprimí más, traidora, dulcemente" ("El vampiro" 7, 9), "Fiera de amor; yo sufro hambre de corazones" ("Fiera de amor" 1). En ambos poemas, el "tú" se identifica con rasgos espirituales que anulan lo corpóreo. En "El ," la figura del "tú" es anoréxica, metáfora del "dolor" y de la "amargura": ".... Palideciste / Hasta la voz, tus párpados de cera" (3-4). En "Fiera de amor," el "tú" se especifica masculino, y se refiere a la "sobrehumanidad" de una estatua: "Me deslumbró una estatua de antiguo emperador.... la escultura / Su gloria custodiaba serenísima y pura" (6, 10-11). El deseo o "hambre" que manifiesta el yo lírico reivindica, por otra parte, su propia condición de víctima, pero víctima de un "mal exquisito" al modo de los poetas malditos: "Por la cruel daga rara y exquisita de un mal sin nombre" ("El Vampiro" 11-12); "yo *sufro* hambre de corazones.... No hay manjar que más tiente, no hay más grato sabor" ("Fiera de amor" 1, 3) - énfasis mío.-

En último término, el deseo violentamente carnal del vampiro aspira al centro, al espíritu, expresado mediante el símbolo del corazón. Si en el poema "El vampiro," el corazón del "tú" es emblema del dolor que muerde y succiona la hablante, en el poema "Fiera de amor" se deja en suspenso ese mismo deseo mediante la imagen constructora de la imaginación, de la aspiración del yo lírico a lo Sublime:

> Y desde entonces muerdo soñando un corazón
> De estatua, presa suma para mi garra bella;
> No es ni carne ni mármol: una pasta de estrella
> Sin sangre, sin calor y sin palpitación...
>
> Con la esencia de una sobrehumana pasión. (15-19)

De forma similar, los ojos del amado en el poema "En tus ojos" ("CV" 205), "se nutren de espíritus humanos" (31), es decir, adoptan metáforas de vampirismo sedientas de esencia espiritual. Por su parte, los poemas "Otra estirpe" ("CV" 217) y "El surtidor de oro" ("CV" 221-22) asocian la imagen vampiresca al "tú" del amante deseado. La supuesta víctima es ahora el "yo" de la imaginación creadora en "El surtidor de oro": "Las culebras azules de sus venas / Se nutren de milagro en mi cerebro" (11-12); "Arraigando las uñas extrahumanas / En mi carne, solloza en mis ensueños" (17-18). En "Otra estirpe," el "yo" solicita a Eros su mediación para poder unirse con el amante sobrehumano: "Para sus buitres en mi carne entrego / Todo un enjambre de palomas rosas!" (7-8). No obstante, la intención es idéntica a la de los poemas anteriores. El intercambio entre carne y espíritu, en su combinación de vampiro o de víctima, participa de un deseo último de alcanzar lo Absoluto, de expresar lo inefable mediante la metáfora de la concepción o engendramiento de "otra Estirpe sublimemente loca" ("Otra Estirpe") o del "amante ideal, el esculpido... Y ha de ser un dios nuevo!" ("El surtidor de oro"). De tal convergencia participa la imagen agente de la depredación: la boca.

La boca es el órgano de conocimiento por excelencia tanto por el carácter predatorio o de "degustación," como por ser instrumento de la palabra, del verbo creador (Cirlot 102). Jean-François Lyotard relaciona la etimología de "saber" y de "sabor" inherente a la función de la boca, función que el teórico de la postmodernidad extiende al concepto del deseo: "*Sophon* es el que sabe saborear; pero saborear supone tanto la degustación de la cosa como su distanciamiento . . . para poder hablar de ella, juzgarla. Se la mantiene en ese fuera del interior que es la boca (que también es el lugar de la palabra)" (Desear 99).

Si filosofar responde a una "apetencia," según concluye Lyotard: "filosofamos porque queremos, porque nos apetece (Desear 99), tal apetencia se vincula a la naturaleza doble del mito de Eros explicado en el relato de Diotima a Sócrates (Plato 97-106). Según explica Diotima, Eros nació de la relación entre el embriagado dios Poros con la mortal Penía, mujer calculadora y pobre. Por darse la unión sexual el día de la celebración del nacimiento de Venus, símbolo de la Belleza, se produce con Eros lo que Lyotard llama el "co-nacimineto del deseo y de lo deseable" (Desear 84), esto es, de la Vida y de la Muerte, de la ausencia y la presencia, cuya alternancia informa el Deseo.

La naturaleza doble de Eros, mito relacionado también con los principios originarios del Cielo y de la Tierra (Grimal 171), se sintetiza o *suspende* en la necesidad de "conocimiento," en el espacio intermedio del "movimiento de lo uno que busca lo otro" (Lyotard, Desear 99). Por eso Eros, como documenta Pierre Grimal, "en vez de ser un dios omnipotente, es una fuerza perpetuamente insatisfecha e inquieta" (171).

Tal grado de insatisfacción informa la estética del deseo en la poesía de Delmira Agustini. En la metáfora del vampiro se advierte, principalmente, por el agente polisémico de la boca. En el poema "Boca a boca" (RE 301-02) se indica, ya desde el título, la alternancia del deseo en el intercambio entre el "yo" y el "tú":

Copa de vida donde quiero y sueño

Beber la muerte en fruición sombría,
. . . .
Sexo de un alma triste de gloriosa,
El placer unges de dolor; tu beso,
Puñal de fuego en vaina de embeleso,
Me come en sueños como un cáncer rosa... (1-2, 9-12)

En la alternancia entre el "yo" y el "tú" interviene también la simbología de la carne y del espíritu propia de la función de la boca: "Pico rojo del buitre del deseo / Que hubiste sangre y alma entre mi boca" (25-26). Al mismo tiempo, la boca explicita también su función de engendramiento verbal, de encarnación por la palabra: "Alas del verbo amenazando vuelos, / Cáliz en donde el corazón flamea" (23-24); "Siembra de oro, tú [sic] verbo fecundo" (31). Es por ello que el vampiro de Agustini, como Eros mismo, incorpora las imágenes de muerte y (re)nacimiento en la boca fecundadora del amado: "Nectario de su miel y su veneno, / Vampiro vuelto mariposa al día" (15-16). En este sentido, la imagen de la "mariposa" responde a la figura "alada" que complementa la carnalidad vampiresca, por ser símbolo de lo trascendente y del alma (Cirlot 298-99), además de emblema de la mortal Psique ("alma"), con quien se desposa Eros (Grimal 458-59).

Por último, la palabra fecundadora que desmembra el cuerpo del amado en el poema "Las voces laudatorias" (RE 305-06), se resuelve en el silencio. El silencio aparece entonces como indicador último del deseo de Absoluto propio de la abstracción creativa, y señala, una vez más, al postulado moderno: "Y el ensueño encerrado en su boca sedeña; / El Ensueño no habla ni nada: sueña, sueña..." (47-48).

La complejidad de la figura del vampiro en la estética de Delmira Agustini, complejidad que incluye un énfasis espiritual alejado de la carnalidad obsesiva y dependiente con que se asocia el vampiro moderno/modernista (Varas 153), supone, en definitiva, un peligroso desafío a las convenciones de la época. Al reapropiar y subvertir ciertos mitos como el vampiro, Agustini logra incorporar, en palabras de Patricia Varas, "a gendered modernity that proves to be more original, challenging, and creative that the one articulated by modern men" (157). El precio que tuvo que pagar la autora, como concluye Varas, fue muy alto (158), pero su trabajo permitió dar nuevos cauces a la expresión de la subjetividad de la mujer al tiempo que enriqueció notablemente los postulados del canon poético.

EL CISNE

Otro de los mitos finiseculares revisados por Delmira Agustini es la figura alada del cisne. La revisión de este mito finisecular constituirá uno de los elementos más audaces de la iconografía de Delmira Agustini. Su provocativa utilización del cisne desestima las afirmaciones de Manuel Alvar, quien acusa de vacío ornamental a los cisnes de Agustini, carentes en su opinión de "la complejidad simbólica que tenían en Rubén" (19). Asimismo, Alvar concluye que Agustini "una sola vez llegó a pensar en el mito de Leda" (19 n35), esto es, en el poema "El cisne" (CV 230-32). Por el contrario, la relación entre Leda y el cisne será utilizada con frecuencia por Delmira Agustini en una presentación iconoclasta y provocativa que revisa y corrige la tradicional presentación del ave wagneriana. Al mismo tiempo, la disidencia de las imágenes de Agustini enriquece la revisión de que fue objeto un mito considerado agotado en su momento postmodernista.[3]

En principio, el cisne constituye uno de los iconos más fecundos de la representación de fin de siglo. Juan-Eduardo Cirlot rastrea la complejidad de un mito caracterizado por rasgos considerados tanto masculinos (acción, divinidad, "Poesía") como femeninos ("cuerpo redondeado y sedoso," inspiración lírica) (132). La duplicación de atributos asociada al cisne aglutina, en su hermafroditismo, "la realización suprema de un deseo" (Cirlot 132). Este concepto se enfatiza en la convivencia de rasgos espirituales asociados al cisne con marcas antropomórficas de implicación sexual: no sólo el cuello del cisne sugiere la forma del falo, sino que anatómicamente el cisne se caracteriza por su peculiaridad genital asociable al pene.

La compleja duplicidad de la imagen del cisne resultó particularmente atractiva para la imaginación de fin de siglo por su vinculación con el mito de Leda. Según el relato clásico, el divino Zeus accedió sexualmente a la mortal Leda en la forma de un cisne. Esta relación permitió incidir en el mito de la animalidad de la mujer, cuya monstruosidad sexual se reconoce en otros mitos recurrentes en el fin del siglo XIX como el de Pasífae o el de Salambó (Dijkstra 314).

La cópula de Leda con el cisne -escena con frecuencia observada por una tercera entidad mítica, la del dios Pan,- sirvió también de motivo lírico por excelencia. La estética del modernismo abstrajo lo que era

---

[3]   Véase al respecto nota 5 del capítulo IV.

originariamente una violación sexual, para convertirla en emblema de la Poesía, resultado de la unión divina y humana.

El motivo de Leda y el cisne convirtió, por consiguiente, al poeta modernista, extendido al espectador y al lector finisecular, en "mirón" y copartícipe de un acto sexual considerado divino. En otras palabras, el espectador se convirtió también en agente de otra perversión erótica, el voyeurismo. Las relaciones en el triángulo amoroso (Zeus-Leda-Pan) suponen, en último término, importantes cuestionamientos de género, cuestionamientos a los que se incorporan las subversivas imágenes utilizadas por Delmira Agustini.

Por una parte, la poética modernista asoció con frecuencia al poeta con la posición de privilegio de Leda, quien interacciona sexual y espiritualmente con la divinidad que representa el cisne. Es por ello que el autor debe someterse, en opinión de Helen Sword, a una especie de travestismo, de "cross-dressing," al identificarse con la condición femenina y de víctima propia de Leda (306).

Al mismo tiempo, la imagen expectante de Leda coincide con la iconografía católica que presenta a la Virgen como recipiente pasivo del semen de Dios. Las dos figuras comparten, por lo tanto, un acto de "visión" o "anunciación," acto que el poeta Yeats, según comenta Sword, confunde significativamente con el término "enunciación" (305). El acto de concepción del Ideal, extendido al del Verbo y al de la Poesía, otorga entonces el poder generador de la palabra a la mujer, un poder usurpado por la tradición patriarcal dominante. Las metáforas de engendramiento inherentes al mito de Leda y el cisne se imponen entonces sobre aquellas de la escritura típicamente masculina ejemplificada en el símbolo fálico de la "pluma."[4]

Las complicaciones de género podrían multiplicarse. Por ejemplo, si partimos de la asociación simbólica del cisne a la mujer, el acto sexual con Leda invitaría a una lectura lésbica o también autoerótica, especular, dada la duplicación de las imágenes que ambas figuras incorporan. Del mismo modo, podría hacerse una inversión de la lectura heterosexual si se admite el travestismo del yo lírico por ambas partes: la del poeta-Leda recipiente de la inspiración, y la del cisne-mujer y musa espiritual, inspiradora. La multiplicidad apunta, en último término, al carácter

---

[4]　　　En la terminología inglesa que rastrea Sword (316 n11), la pluma o "pen" proviene del latín "penna" que designa a la "pluma" de ave con que se escribía antiguamente. El análisis feminista ha asociado también el instrumento de escritura al órgano genital del autor tradicional: el pene.

travestido que implica toda construcción de género, instancia que Delmira Agustini parece utilizar como recurso expresivo, según se explicó con anterioridad.

Sin embargo, como afirma Helen Sword a propósito de los modernistas angloamericanos, aunque estos lleguen a privilegiar el punto de vista de Leda, "yet the poet identifies himself fully with neither; he stands above all as an observer, detached but empatheic, whose role is to enunciate to his audience the rape's historical significance as annunciatory event" (308). De esta perspectiva participa Rubén Darío en su presentación de Leda y el cisne, ante la cual mantiene una postura marcadamente distanciada y voyeurista:

> Suspira la bella desnuda y vencida,
> Y en tanto que al aire sus quejas se van,
> Del fondo verdoso de fronda tupida
> Chispean turbados los ojos de Pan.

"Leda" (*Otros poemas* 147, 13-16)

La lectura del cisne que propone Delmira Agustini resulta absolutamente peculiar y transgresora. La singularidad primordial se advierte en la implicación del yo lírico en la doble vertiente del mito modernista, esto es, tanto en su valor de encarnación del Ideal, como en la interacción alegórica del Cisne con Leda. De este modo, el "yo" de la poética de Agustini aparece identificado en ocasiones con el cisne: "Yo soy el cisne errante de los sangrientos rastros" ("Nocturno" CV, 229); y también con el papel de Leda: "Yo esperaba suspensa el aletazo / Del abrazo magnífico" ("Visión," CV 211). En la unión de Leda y el cisne, que Delmira revisa y corrige de la presentación tradicional, el cisne corresponde al "tú" del amante sobrehumano, un "tú" que, en última instancia, constituye la creación imaginaria del "yo": "Debe ser vivo a fuerza de soñado, / Que sangre y alma se me va en los sueños" ("El surtidor de oro," CV 221). Las variantes de implicación de la hablante en la iconografía del cisne (extendida a la del dios-amante supremo), suponen un alto grado de disonancia respecto a la estética tradicional del modernismo.

Las identificaciones mencionadas discrepan decididamente del punto de vista distanciado y voyeurista de la tradición poética que representa Rubén Darío. Un nivel inmediato de subversión se aprecia en la actitud equitativa entre el "yo" y el "tú" en la poesía de la uruguaya. La equivalencia se reconoce en dos vertientes. Por un lado, se establece una igualdad en el deseo compartido por el "yo" y el "tú," esto es, por el cisne-Dios y Leda-mujer. El intercambio erótico supone la concesión de voz y de deseo a una mujer-mito silenciada por la tradición. Por otra parte, se produce una relación equitativa en la capacidad divina de ambas entidades, capacidad que en última instancia privilegia el potencial creador del "yo" visionario en el que se implican imágenes genésicas de mujer.

Como señala Sylvia Molloy en su clarividente estudio sobre el tema, la hablante de Agustini se constituye en "autor y a la vez actor de la representación" (Cisne 66); esto diverge de la actitud de Darío en quien "el yo nunca es finalmente su emblema" (Cisne 68). Sylvia Molloy coincide entonces con la percepción de Helen Sword apuntada más arriba, por la cual el poeta modernista mantiene finalmente una posición de distancia. La perspectiva del mito del cisne en la lectura de Rubén y de Delmira podría remitir entonces a una dialéctica entre "ausencia" y "presencia" que informa la obra respectiva de ambos autores.

En la estética de la "ausencia" de Rubén Darío predomina la distancia del yo lírico respecto a la escena emblemática de la violación de Leda. No sólo el "yo" de Darío se limita a describir y decodificar alegóricamente el acontecimiento sexual, sino que la implicación erótica del "yo" se advierte reflejada en la posición voyeurista de un tercero, el dios Pan: "del fondo verdoso de fronda tupida / chispean turbados los ojos de Pan" ("Leda," *Otros poemas* 147). Si el "yo" llega a implicarse en la escena, lo hace desde la posición de privilegio tanto sexual como divino (la del Cisne), si bien tal identificación es breve y responde más a una especulación donde intervienen fantasías sexuales masculinas: "por un momento, ¡oh Cisne!, juntaré mis anhelos / a los de tus dos alas que abrazaron a Leda" (III, *Cantos de vida y esperanza* 132);

> ¡Melancolía de haber amado,
> junto a la fuente de la arboleda,
> el luminoso cuello estirado
> entre los blancos muslos de Leda!

(IV, *Cantos de vida y esperanza* 133)

La presentación del acto sexual-divino resulta, por lo tanto, marcadamente masculina, perspectiva que incide en la posición tradicional pasiva y "vencida" de Leda frente al rol activo y "triunfal" del dios-cisne. En tal presentación, recurrente en la poesía de Darío, parece no haber espacio para el travestismo poético al que aludía Sword o identificación estética del poeta con Leda:

> olímpico pájaro herido de amor,
> y viola en las linfas sonoras a Leda,
> buscando su pico los labios en flor.
>
> Suspira la bella desnuda y vencida

("Leda," *Otros poemas* 147)

Por último, la escena sexual implica, ante todo, una simbología sagrada para Rubén ("celeste, supremo acto" IV, Cantos de vida y esperanza 132), que se extiende a la calidad trascendente del ave en su implicación tanto estética como existencial: "y el cuello del gran cisne blanco que me interroga" ("Yo persigo una forma...," Prosas Profanas 253). Según Fernando Alegría, este aspecto simbólico, "antiséptico" de la utilización del cisne "como encarnación de un concepto aristocrático de belleza pura," a modo de "ave por el ave," es característica de la estética "sin sensualidad" de Darío (32-33).

Por el contrario, en Delmira se impone la "presencia." El "yo" interviene activamente en la escena sexual. Los roles de pasividad y actividad convergen en un goce carnal que se impone sobre los elementos alegóricos subyacentes: "Que me abrazas con alas ¡todo mío! en el Sol..." ("¡Oh, Tú!," CV 204); "Yo esperaba suspensa el aletazo / Del abrazo magnífico" ("Visión," CV 211). Las metáforas de agresión mutua señalan el intercambio sexual, sustituyendo ahora la agresión unilateral de la violación clásica. En último término, el yo-Leda se impone sobre el tú-amante en su calidad de (pro)creadora y de visionaria: "Y pueden ser los hechizados brazos / Cuatro raíces de una raza nueva" ("Visión");

> Y en la cristalina página,
> En el sensitivo espejo
> Del lago que algunas veces
> Refleja mi pensamiento,
> El cisne asusta de rojo,
> Y yo de blanca doy miedo!

("El cisne," CV 232)

Sylvia Molloy comenta hábilmente la desculturación del mito del cisne que hace Delmira, desculturación que llega al extremo de trasladar "el cisne" simbólico rubendariano hacia el prosaísmo de "un cisne": "Alma del lago es un cisne" ("El cisne," CV 230) (Molloy, Cisne 64). La irreverencia se enfatiza al subjetivarse la figura del cisne mediante el pronombre posesivo, "mi cisne": "Que me abrazas con alas, ¡todo mío!" ("¡Oh, Tú!," CV 204).

Entre otras instancias de "desculturación" y "desprestigio," según atribuciones de Sylvia Molloy en la citada fuente (64), pero también de especularidad que se reconocen en el poema de Agustini "El cisne," se advierte la intensa erotización del mito modernista:

> Del rubí de la lujuria
> Su testa está coronada:
> Y va arrastrando el deseo
> En una cauda rosada... (29-32)

Asimismo, destaca en el poema la dialéctica erótica entre las dos entidades implicadas: "Pero en su carne me habla / Y yo en mi carne le entiendo" (49-50), dialéctica que llega a invertir la interrogación rubendariana: "Al margen del lago claro / Yo le interrogo en silencio..." (45-46). Por su parte, la capacidad receptora es mutua, asociándose metáforas de receptáculo (vaginales) a la hablante:

> Agua le doy en mis manos
> Y él parece beber fuego;
> Y yo parezco ofrecerle
> Todo el vaso de mi cuerpo... (29-32).

Sylvia Molloy señala asimismo como característica diferenciadora "el vaciamiento de color" en Rubén (Cisne 66), que podría asociarse al discurso de la "ausencia" arriba apuntado, vaciamiento que contrasta con el desbordamiento cromático en Delmira, asociable a su estética de la "presencia." La autora uruguaya elabora principalmente sobre el color rojo a propósito del mito del cisne, en su vinculación pasional y en las variantes que implica la identificación del rojo con la sangre (sacrificio, menstruación, virginidad): "Yo soy el cisne errante de los sangrientos rastros, / Voy manchando los lagos y remontando el vuelo" ("Nocturno," CV 229).

La principal discrepancia entre Rubén y Delmira se reconoce, por lo tanto, en esa estética de la "presencia" de la autora uruguaya, en la implicación carnal del "yo" que se impone sobre los valores asépticos, simbólicos, voyeuristas y "descoloridos" de Rubén. Refiriéndose al contraste entre ambos autores, Fernando Alegría concluye que la voz en el poema "El cisne" de Delmira "no reflexiona, describe; no abstrae, personifica; habla, toca, abraza, se abre, toma, penetra, poseído, posee" (33); esto es, la voz de Delmira es una voz peculiar "al margen del Modernismo y la Vanguardia," concluye Alegría (31). Y es desde el "margen," desde el "silencio," desde donde se advierte la palabra discrepante de Delmira, la dialéctica erótica entre dos mitos iconográficos del modernismo, esto es, entre el "yo"-Leda, y el "tú"-Cisne:

> Al margen del lago claro
> Yo le interrogo en silencio...
> Y el silencio es una rosa
> Sobre su pico de fuego...
> Pero en su carne me habla
> Y yo en mi carne le entiendo.
> -A veces ¡toda! soy alma;
> Y a veces ¡toda! soy cuerpo.-
> Hunde el pico en mi regazo
> Y se queda como muerto...
>
> ("El cisne," CV 231)

Los cisnes de Delmira Agustini participan, por lo tanto, de la doble simbología espiritual y carnal típica de la tradición modernista. No obstante, el componente carnal viene determinado por el "yo" femenino deseante, quien, además, revela su capacidad visionaria, su concepción imaginaria del Dios. Los niveles de autotrascendencia y subversión se multiplican entonces. Si, por una parte, el "yo" recipiente espera pasiva, "suspensa," el "abrazo magnífico" del dios alado ("Y esperaba suspensa el aletazo / Del abrazo magnífico...," "Visión" 53-54), por otra parte ese "abrazo" o encuentro eufemístico sexual muestra su imposibilidad real al revelarse construcción del yo lírico. La pasividad se subvierte entonces mediante metáforas como el "lecho," en donde interviene tanto el componente de escenario sexual, -con la implícita pasividad de la mujer,- como el elemento de creación activa mediante el sueño: "En la página oscura de mi lecho. . . . Toda tu vida se imprimió en mi vida" ("Visión" 32, 46); "Perdón, perdón si peco alguna vez soñando / Que me abrazas con alas ¡todo mío! en el Sol..." (¡Oh, Tú!" 34-35).

No sólo resulta transgresora la voz femenina del deseo desatendida en las imágenes tradicionales del modernismo, sino que la lectura iconoclasta

de Delmira Agustini alcanza el sacrilegio de la concepción de una divinidad
personal y decididamente sexual ("mi Dios"). A esa transgresión se añade la
aspiración del yo lírico femenino de ser autoengendrado por el mismo Dios
que inventa. Así aparece en el poema "Tres pétalos a tu pérfil" ("CV" 208),
en el que la hablante esculpe en tres estrofas o "pétalos" el perfil de un
amante supremo con el que aspira a la unidad sexual proyectada hacia el
"Futuro":

> En oro, bronce o acero
> Líricos grabar yo quiero
> Tu Wagneriano perfil;
> Perfil supremo y arcano
> Que yo torné casi humano:
> Asómate a mi buril.
> . . . .
> Para embriagar al Futuro,
> Destila, tu filtro oscuro
> En el cáliz de este lis. (1-6, 17-18).

Por otra parte, la indicación metapoética inherente a la metáfora de la
encarnación por el Verbo, podría extender su significado a instancias de
autoafirmación o presencia de la propia escritora modernista. La proyección
de una persona imaginaria (en la forma de múltiples imágenes) responde, en
último término, a una necesidad de la autora de afirmar su individualidad en
una época que la fetichiza tanto como metáfora de la mujer, como por tratarse
de una poeta con pretensión de autoridad literaria.

Las principales estrategias poéticas con las que Delmira Agustini
subvierte el motivo tradicional del cisne son, como se indicó, la presentación
del cisne identificado con el "tú" amante, y también la identificación del ave
con el "yo" lírico. El intercambio entre las instancias del "tú" y el "yo,"
intercambio presente también en la distribución de estrategias poéticas,
permite, finalmente, anular cualquier presentación unilateral para multiplicar
las perspectivas tanto eróticas como (meta)poéticas. Esto supone la principal
discrepancia y, al mismo tiempo, la más osada contribución de Delmira
Agustini a la estética del modernismo. "El cisne" ("CV" 230-32) y
"Nocturno" ("CV" 229) son los poemas más emblemáticos de Delmira en
relación con el tema.

El poema "El cisne" está construido en la métrica tradicional del
romance. Ocho estrofas (que numeraré con grafías romanas), articulan el
intercambio progresivo entre el "yo" lírico y el "él" divino de "un" cisne,

hasta la unidad sexual.

La primera estrofa sitúa el espacio artificial del paisaje, "que es fondo metonímico del yo," apunta Sylvia Molloy (Cisne 65):

> Pupila azul de mi parque
> Es el sensitivo espejo
> De un lago claro, muy claro!...
> Tan claro que a veces creo
> Que en su cristalina página
> Se imprime mi pensamiento. (1-6)

Consecuencia inmediata del escenario imaginativo es la figura del cisne, quien aparece como proyección del pensamiento de la hablante. La proyección imaginaria del "yo" lírico se puede rastrear en la polisemia del término "alma": "Alma del lago es un cisne" (7). De acuerdo con tal polisemia, el cisne, en primer lugar, aparece como figura principal del lago. Al constituirse en "alma" o espíritu del lago, se une con el cuerpo líquido en la dicotomía alma-cuerpo. Por tratarse de un lago imaginario, el cisne es duplicación del "yo." Finalmente, las referencias a la condición reflejante del lago advierten su condición metapoética mediante la creación imaginativa expresada en los términos "página" y "pensamiento."

Un primer espacio se ha presentado en las dos primeras estrofas. Este espacio poético lo constituye el lago construido por el "yo" imaginativo (I), en el que aparece "él," el cisne, indicado también en términos de la idealidad modernista que lo contiene (II):

> Grave y gentil como un príncipe;
> Alas lirios, remos rosa...
> Pico en fuego, cuello triste
> Y orgulloso, y la blancura
> Y la suavidad de un cisne... (10-14)

Al mismo tiempo, se ha indicado un primer nivel de la dicotomía: "Alas lirios, remos rosas" (11); "Alma.... Con dos pupilas humanas" (8-9). La idealidad que impera en la primera parte del poema (I-II), se traslada a una intensificación de los rasgos carnales (III-V), que culminará en la unidad sexual (VII).

El desplazamiento se advierte en la tercera estrofa en donde se interpretan los rasgos estéticos del cisne presentados en la estrofa anterior. Ahora el cisne aparece referido mediante el artículo determinado ("el cisne"), artículo que prefigura el pronombre masculino de tercera persona ("él"):

El ave cándida y grave
Tiene un maléfico encanto;
Clavel vestido de lirio,
Trasciende a llama y milagro!...
Sus alas blancas me turban
Como dos cálidos brazos (15-20)

En esta segunda secuencia de la descripción del cisne se añaden insinuaciones de perversidad ("Tiene un maléfico encanto," 16), para establecer de inmediato un primer grado de relación sexual con el "yo" ("Sus cálidas alas me turban / Como dos cálidos brazos," 19-20). La excepcionalidad de la actitud sexual del cisne respecto al "yo" que participa del encuentro ("Ningunos labios ardieron / Como su pico en mis manos" 21-22), revela la calidad sobrehumana del ave ("Viborean en sus venas / Filtros dos veces humanos!" 28-29).

Por otra parte, la connotación del falo en el pico que toma la hablante ("su pico en mis manos" 22), connotación que se extiende al cuello anguloso del cisne, además del término "viborean" (28), aluden a la imagen arquetípica de la serpiente. De este modo, la metáfora de la serpiente interacciona masculinamente con el cuerpo femenino de la hablante, además de asumir la vinculación tradicional al deseo sexual:

Del rubí de la lujuria
Su testa está coronada:
Y va arrastrando el deseo
En una cauda rosada... (29-32)

Sin embargo, en la construcción deliberadamente especular del poema, el deseo del cisne refleja necesariamente el deseo del propio yo lírico: "Y yo parezco ofrecerle / Todo el vaso de mi cuerpo..." (35-36).

Por su parte, la dimensión vaginal, de vaso o contención, a la que se asocia la hablante ("Agua le doy en mis manos" 34; "Todo el vaso de mi cuerpo" 36), extendida a la construcción general del lago en que se contiene también la escena sexual, advierte de inmediato un significado de concepción imaginativa. De ese modo, las metáforas de engendramiento femenino se asocian con la construcción de la imaginación poética:

Y vive tanto en mis sueños
Y ahonda tanto en mi carne,
Que a veces pienso si el cisne

. . . .
Es sólo un cisne en mi lago
O es en mi vida un amante... (37-39, 43-44)

La duda o alternativa señalada en los últimos versos apuntados pretende resolverse en el poema mediante el cuestionamiento directo a la construcción del "tú," si bien toda la escena se produce desde la evocación en primera persona, esto es, desde el *margen* del acontecimiento imaginativo. La interrogación al "tú" invierte, por otra parte, la interrogación tradicional del cisne al poeta, como era el caso del famoso soneto de Darío: "y el cuello del gran cisne blanco que me interroga" ("Yo persigo una forma...," Prosas profanas 253).

El nivel de racionalidad, indicado por la duda de la amante o "yo" creador en el poema de Delmira, advierte su función metapoética mediante alusiones a la "página," a la "impresión," o al "margen" desde el que se produce el cuestionamiento mencionado:

Al margen del lago claro
Yo le interrogo en silencio...
Y el silencio es una rosa
Sobre su pico de fuego... (45-48)

El silencio se impone entonces como metáfora de lo inefable. La rosa es indicación última de ese estado de silencio por simbolizar el centro espiritual y por asociarse a la Poesía. Es por ello que puede concluirse que en el término medio de las alternancias habituales en la estética de Delmira ("Pero en su carne me habla / Y yo en mi carne le entiendo," 49-50), se rastrea lo inefable, el espacio de lo Sublime, que excepcionalmente se resuelve en el éxtasis de la unión ("Hunde el pico en mi regazo / Y se queda como muerto...," 53-54).

El "tú," desdoblado en un "él" divino, se extenúa también, llega al orgasmo a modo de culminación de las alternancias en la dialéctica del deseo. Esta actitud de intercambio invierte las imágenes tradicionales por tratarse, como indica Molloy, del "yo, la mujer, quien ha llenado al cisne blanco" (Cisne 67). El intercambio culmina en la relación equitativa expresada en los últimos versos del poema:

Y en la cristalina página,
En el sensitivo espejo
Del lago que algunas veces

Refleja mi pensamiento,
El cisne asusta de rojo,
Y yo de blanca doy miedo! (55-60)

Por su parte, el poema "Nocturno" culmina la visión transgresora del cisne, ahora desde un "yo" identificado con el ave emblemática:

Engarzado en la noche el lago del tu alma,
Diríase una tela de cristal y de calma
Tramada por las grandes arañas del desvelo.

Nata de agua lustral en vaso de alabastros;
Espejo de pureza que abrillantas los astros   5
Y reflejas la sima de la Vida en un cielo!...

Yo soy el cisne errante de los sangrientos rastros,
Voy manchando los lagos y remontando el vuelo.

El "lago" o página reflejante es ahora el del "tú," y señala la función metapoética mediante expresiones que aluden al tejido, construcción o texto como "engarzado" (1), "tramada" (3), y el sueño, apareciendo la construcción creativa del sueño por inversión del mismo, es decir, por el "desvelo" (3). Las inversiones apuntan también a la calidad de continente propia del lago, referencia que intensifica la simbología femenina en la alusión al "vaso" (4) y en la asociación reflejante, especular: "lago" (1), "tela de cristal" (2), "agua lustral" (4), "espejo" (5). El reflejo especifica su condición de reciprocidad o intercambio en el verso 6: "Y reflejas la sima de la Vida en un cielo!..."

Los versos finales rompen la quietud del paisaje artificial/construido mediante imágenes que multiplican la disidencia. El "yo" se identifica en estos versos con un cisne no moribundo sino "errante," en perpetuo movimiento. A la calidad travestida del yo lírico se añade la implicación sexual, maculadora: "Yo soy el cisne errante de los sangrientos rastros, / Voy manchando los lagos y remontando el vuelo" (7-8).

En los versos mencionados, la "sangre" que va dejando el "rastro" del cisne puede provenir tanto de la propia ave como de los lagos que va manchando, a modo de resultado del contacto con el cisne. En cualquier caso, el cisne es el agente provocador de la sangre y, por lo tanto, de la maculación de la cristalina página del lago presentada a lo largo del poema: "Engarzado en la noche el lago de tu alma, / Diríase una tela de cristal y del calma. . . ." (1-2). La implicación sexual se imprime también de connotaciones de violencia y de sacrificio propias del símbolo de la sangre (Cirlot 399). Al mismo tiempo, la sangre aglutina significados que aluden a lo femenino: menstruación, parto, pérdida de la virginidad. La sangre, finalmente, extiende el trazo maculador a la imagen de la creación lírica, imagen necesariamente transgresora dado el grado de violencia respecto al paisaje idealizado con el que se iniciaba el poema -presentación típicamente modernista,- y que el cisne de Delmira subversivamente macula o *viola*.[5]

De este modo, la violación clásica de Leda por el cisne adopta su expresión más disidente en las subversivas imágenes de Delmira Agustini. El asedio de Delmira a los esquemas del modernismo se resolverá, sin embargo, en la consecuencia última de la textualización de que fue objeto la autora uruguaya. La sumisión a los esquemas fetichistas del modernismo inscritos por los modernistas, y a los que Delmira misma contribuyó, se ultimaron en la construcción de otro mito del período que todavía persiste, el mito de la Nena (ángel) y la Pitonisa (demonio), la leyenda de la vida y de la muerte de Delmira Agustini.

Si el cisne es el símbolo del "autosacrificio, la vía del arte trágico y del martirio" (Cirlot 133), Delmira, como el cisne, adoptará con su muerte lo que anticipaba en el primer poema de *El libro blanco*: "la eterna corona de los Cristos..." ("Levando el ancla" 15). No en vano la imagen de Cristo ha sido también asociada por la revisión feminista a Eva (Ostriker 214), con quien la autora mantiene continuas vinculaciones iconográficas.

Delmira Agustini logra, en definitiva, revisar y subvertir la iconografía finisecular obsesionada con idealizar o fragmentar el cuerpo de la mujer, al tiempo que intensifica su erotización religiosa. Como la cabeza de Orfeo, icono máximo del poeta-hombre, Delmira persiste en el canto, pero también en su deseo de alcanzar con la "lengua," se trate de la carne o de la palabra, el corazón de la "rosa," la unidad tanto sexual como poética. La voz disidente de Delmira Agustini no muere entonces con el cisne, sino que se carnaliza en la plegaria a *su* Dios, una letanía que conjuga la transgresión tanto anunciatoria como enunciatoria de Eva y de(l) Ave:

> O rosario imantado de serpientes,
> Glisa hasta el fin entre mis dedos sabios,
> Que en tu sonrisa de cincuenta dientes

---

[5]   A propósito del "Nocturno" de Agustini, Silvia Molloy afirma: "El cisne, y no un cisne, es destructor de armonía, violador de pureza, maculador: mancha (borronea, corrige) y escapa. Hay una identificación total con el cisne -pero con el cisne cambiado de signo- en Agustini como no la hay en Darío, donde el yo nunca es finalmente su emblema" (Cisne 68).

Con un gran beso se prendió mi vida:
Una rosa de labios.

(*El rosario de Eros*, "Cuentas Falsas" 15-19)

CONCLUSIÓN

Delmira Agustini nace y publica en un período de crisis de valores que extiende las inquietudes del final de siglo XIX a las primeras décadas del XX. Su condición de mujer complica e ilustra al mismo tiempo la multiplicidad del fenómeno del modernismo en Hispanoamérica.

En principio, uno de los fundamentos estéticos del movimiento modernista consistía en la imagen de la mujer como fetiche. Es por ello que la escritora modernista debía asumir el papel de objeto sexual y transcribirlo a sus escritos en un momento que paradójicamente coincide con la reivindicación occidental de los derechos de la mujer. Sin embargo, la incidencia histórica del feminismo anglosajón tuvo menor proyección en el territorio católico latinoamericano, aunque sí existía una conciencia de cambio y de cuestionamiento monopolizada por el sistema patriarcal.

Personalidades del modernismo hispanoamericano como José Martí, José Enrique Rodó o Rubén Darío participaron del espíritu de rebeldía y de libertad propio del movimiento modernista, y contribuyeron a la definición del mismo. Por el contrario, la condición de mujer de las poetas modernistas no sólo restringió el acceso a esos mismos valores libertarios ostentados por los modernistas, sino que esencialmente contradecía muchos de los postulados de un movimiento calificado con frecuencia como "masculino" en carácter (Rosenbaum 41). Como contrapartida, la crisis de valores que produjo el cuestionamiento moderno hizo posible la aparición, con reservas, de la poesía escrita por mujeres, una literatura que había sido por lo general desatendida o descalificada por el canon. El carácter multifacético y complejo del movimiento modernista permitió, por lo tanto, atender al discurso de la mujer, siempre y cuando las escritoras modernistas supieran deslizarse entre los pliegues y fisuras de un periodo de transformación que afectó también a consideraciones de tipo sexual (Showalter, Rise 9).

Delmira Agustini es un buen ejemplo de las limitaciones y duplicidades a que estaban sometidas las autoras hispanoamericanas del periodo. Externamente, "la Nena" responde a los valores morales del llamado Novecientos uruguayo. De forma privada, "la pitonisa" intensifica en sus poemas un erotismo que era cifra del movimiento. No obstante, el extrañamiento propio del modernismo se personifica ahora en la dislocación de los valores tradicionales que la voz de mujer de Delmira Agustini implica al adoptar y subvertir las imágenes masculinistas del modernismo. Estrategias poéticas como la autoduplicación o la alternancia y convergencia de los roles de objeto y sujeto poéticos sirven a Delmira como formas de legitimación artística. Estrategias sociales como la conformidad con la norma patriarcal y la aceptación de su rol de texto susceptible de ser escrito y descrito por la crítica convencional, permitieron la asimilación de la obra de Agustini.

Los tres libros que Delmira Agustini publicó en vida, *El libro blanco (Frágil)* (1907), *Cantos de la mañana* (1910), *Los cálices vacíos* (1913), además de la obra póstuma *El rosario de Eros* (1924), señalan la evolución estética de la autora uruguaya. Todos los textos presentan una voluntad unitaria que gravita en torno al discurso del deseo.

El deseo de acceder a la palabra, en su incidencia metapoética, se desarrolla en *El libro blanco (Frágil)*. La implicación erótica añadida al discurso metapoético se define principalmente en la compilación *Los cálices vacíos*, para intensificar los rasgos revisionistas y sexuales en *El rosario de Eros*.

La originalidad poética de Agustini se advierte en la inversión implícita de los esquemas modernistas, a partir, precisamente, de la utilización de los mismos. Pigmalión, Salomé, Leda y el Cisne serán utilizados de acuerdo con la posición de un yo lírico que especifica su condición de mujer. El deseo de exploración poética, patente en LB, vendrá a complementarse con el deseo de exploración erótica que permitirá definir al yo lírico femenino capaz del engendramiento múltiple. En primer lugar, su condición de poeta le permite inventar a un Dios sobrehumano. Ese Dios tiene el potencial de inseminar a la hablante para engendrar, a su vez, a una tercera entidad suprema que se advierte metáfora del poema. Por último, la ubicación yacente y soñadora del yo lírico reconoce su valor de construcción creativa de la que apenas permanece el poema mismo.

El método que propongo de aproximación a los textos de Agustini se centra en tres perspectivas principales de análisis. Por una parte, la aproximación feminista permite cuestionar la situación de fin de siglo y el contexto de la fragilidad que informa la primera producción de Agustini. En segundo lugar, utilizo lo que denomino "discurso ofélico" como perspectiva de análisis de esta primera sección de los textos de Agustini. La actitud en apariencia pasiva y receptora de la imagen de Ofelia, implícita en LB, evolucionará hacia imágenes de la fragmentación del cuerpo dominadas por el mito de Orfeo desmembrado. A esta tercera aproximación corresponden las obras posteriores de Agustini, y en particular la compilación *Los cálices vacíos*. La imagen de la cabeza de Dios en las manos de la hablante ejemplifica, finalmente, los niveles de recepción ofélica y de desmembramiento órfico para incorporar la metáfora moderna del deseo de unidad sexual y lingüística. El deseo de posesión del Verbo o principio engendrador se reconoce en la obra de Agustini tanto desde la condición de poeta que aspira a expresar "lo inefable," como en su condición de mujer desposeída de la palabra desde sus plateamientos bíblicos. La imagen de "Salomé decapitada" apuntaría a esa dualidad irresuelta latente en la persona y en la obra de la autora uruguaya.

La transgresión múltiple de Delmira Agustini complica y redefine la transgresión propia del movimiento modernista para proporcionarle una resonancia sin precedentes, aquella que inserta la voz de la mujer en el discurso patriarcal dominante. No sólo el yo lírico de Agustini atiende al deseo silenciado de la mujer en figuras como Salomé o Leda, sino que también adopta el papel activo de un cisne sangrante y maculador de los esquemas convencionales.

La implicación estética de Agustini en el modernismo y la modernidad convive, entonces, con la relativización de esos mismos conceptos al presentarse el objeto tradicional femenino como sujeto hablante susceptible de univocidad y trascendencia. Este planteamiento de Agustini anticipa la tendencia contemporánea de la llamada "postmodernidad" que libera las diferencias y privilegia el fragmento y la metonimia sobre las nociones modernas alienantes y totalizadores. La peculiaridad de Agustini consiste en ubicar la unidad desde el fragmento, elemento que la autora reitera y personaliza en su estética. Con ello plantea una modernidad ajena y discrepante de las nociones del poder que resultan ineficaces al abordar la problemática de la escritora latinoamericana.

"Salomé decapitada" remite entonces a la ex-centricidad de una autora que se atrevió a formular su visión poética, cuestionando por lo mismo en sus escritos y en sí misma los principios totalizadores del modernismo y de la modernidad hispanoamericana.

BIBLIOGRAFÍA

Aching, Gerard. *The Politics of Spanish American modernismo*. Cambridge: Cambridge UP, 1997.

Achugar, Hugo. *Poesía y sociedad (Uruguay 1880-1910)*. Montevideo: Arca Ed., 1985.

Agustini, Delmira. *Correspondencia íntima*. Ed. Arturo Sergio Visca. Montevideo: Biblioteca Nacional, 1969.

---. *Obras poéticas*. Ed. Raúl Montero Bustamante. Montevideo: Edición Oficial, 1940.

---. *Poesías Completas*. Ed. Manuel Alvar. Barcelona: Labor, 1971.

---. *Poesías Completas*. Ed. Alejandro Cáceres. Montevideo: Ediciones de la Plaza, 1999.

---. *Poesías Completas*. Ed. Magdalena García Pinto. Madrid: Cátedra, 1993.

---. *Poesías Completas*. Ed. Alberto Zum Felde. Buenos Aires: Losada, 1944.

Alegría, Fernando. "Aporte de la mujer al nuevo lenguaje poético de Latinoamérica." *Revista/Review Interamericana*. 12.1 (1982): 27-35.

Alvar, Manuel. Introducción. *Poesías Completas*. De Delmira Agustini. Barcelona: Labor, 1971. 9-62.

Anderson Imbert, Enrique. *Historia de la literatura hispanoamericana*. 2 vols. México, D.F.: FCE, 1987, 1980.

Bakhtin, Mikhail. *The Dialogical Imagination. Four Essays.* Austin: UTexas P, 1981.

Barrán, José Pedro. *Historia de la sensibilidad en el Uruguay. Tomo II. El disciplinamiento (1860-1920).* Montevideo: Ed. Banda Oriental, 1993.

Barrán, José Pedro; Nahum, Benjamín. *El Uruguay del Novecientos. Batlle, los estancieros y el imperio británico.* Montevideo: Ed. Banda Oriental, 1990.

Burt, John R. "Agustini's Muse." *Chasqui* 17.1 (1988): 61-65.

---. "The Personalization of Classical Myth in Delmira Agustini." *Crítica Hispánica* 9.1-2 (1987): 115-124.

Cáceres, Alejandro. "Doña María Murtfeldt Triaca de Agustini: hipótesis de un secreto" *Delmira Agustini. Nuevas penetraciones críticas.* Ed. Uruguay Cortazo. Montevideo: Vinten Ed., 1996. 13-47.

Calinescu, Matei. *Five faces of Modernity.* Durham: Duke UP, 1987.

Cardwell, Richard A., y McGuirk, Bernard. Ed. *¿Qué es el modernismo? Nueva encuesta. Nuevas lecturas.* Boulder: Society of Spanish and Spanish-American Studies, 1993.

Casal, Julián del. "Virgen triste." *Poesías y cartas: Juana Borrero.* La Habana: Ed. Arte y Literatura, 1978. 238-39.

Ciplijauskaité, Biruté. "Los diferentes lenguajes del amor." *Monographic Review.* 6 (1990): 113-27.

Cirlot, Juan-Eduardo. *Diccionario de símbolos tradicionales.* Barcelona: Labor, 1992.

Cortazzo, Uruguay. "La vuelta de Roberto de las Carreras: Los futuros del varón." *El País Cultural* 12 set. 1997: 1-2, 5.

Crespo, Ángel. *Antología de la poesía modernista*. Tarragona: Tarraco, 1980.

Chadwick, Whitney. *Women, Art, and Society*. London: Thames and Hudson, 1991.

Darío, Rubén. *Azul... El salmo de la pluma Cantos de vida y esperanza Otros poemas*. México: Porrúa, 1987.

---. "¡Estas mujeres!." *Todo al vuelo*. Madrid: Renacimiento, 1912. 34-36.

---. "Juana Borrero." *Poesías y cartas: Juana Borrero*. De Juana Borrero. La Habana: Ed. Arte y Literatura, 1978. 247-51

---. "La mujer española." *España contemporánea*. Madrid: Mundo Latino. 321-328.

---. *Prosas profanas*. Madrid: Alhambra, 1980.

De la Cruz, Sor Juana Inés. "Primero Sueño." *Obras Completas*. México: Porrúa, 1989. 183-201.

Dijkstra, Bram. *Idols of Perversity. Fantasies of Feminine Evil in Fin-de-Siecle Culture*. New York: Oxford UP, 1986.

Earle, Peter G. "The Female Persona in the Spanish American Essay: An Overview." *Woman as Myth and Metaphor in Latin American Literature*. Columbia: U of Missouri P, 1985. 79-93.

---. "Gabriela Mistral: Los contextos críticos." *Gabriela Mistral*. México: Universidad Veracruzana, 1980. 14-19.

East, Linda K. Davis. "The Imaginary Voyage: Evolution of the Poetry of Delmira Agustini." Diss. Standford U, 1981.

Escaja, Tina. "Autoras modernistas y la (re)inscripción del cuerpo nacional." *Sexualidad y nación en América Latina*. Pittsburgh:

Instituto Internacional de Literatura Iberoamericana, 2000. 61-75.

---. *Delmira Agustini y el modernismo: Nuevas propuestas de género.* Editora. Buenos Aires: Beatriz Viterbo, 2000.

---. "'Hoy abrió una mujer en mi rosal": Magdalena redimida o la invención del modernismo." *Territorios Intelectuales. Pensamiento, Cultura y Literatura en América Latina.* Ed. Javier Lasarte Valcárcel. Caracas: La Nave Va, 2001.

---. "On Angels and Androids: Spanish/American Women Poets Facing Centuries.' End" *Hispanófila* 130 (2000): 91-105.

Eymard, Julien. *Ophélie ou le narcissisme au féminin. Etude sur le thème du mirroir dans la poésie féminine.* Paris: Minard, 1977.

Fraser, Nancy, y Nicholson, Linda J. "Critica social sin filosofía: un encuentro entre el feminismo y el posmodernismo." *Feminismo/posmodernismo.* Trad. Márgara Averbach. Ed. Linda J. Nicholson. Buenos Aires: Feminaria, 1992. 7-29.

García Morales, Alfonso. "Construyendo el modernismo hispanoamericano: una conferencia y una antología de Carlos Romagosa." *Heterogeneidades del Modernismo a la Vanguardia en América Latina.* Javier Lasarte Valcárcel Ed. *Revista Estudios.* 4.7 (enero-junio 1996): 39-59.

García Pinto, Magdalena. "Introducción." *Poesía completas.* De Delmira Agustini. Madrid: Cátedra, 1993. 13-40.

Gilbert, Sandra M., y Susan Gubar. "Infection in the Sentence: The Woman Writer and the Anxiety of Authorship." *The Madwoman in the Attic: The Woman Writer and   the   Nineteenth-Century Literary Imagination.* London: Yale UP, 1979. 45-92.

Girard, René. "From Mimetic Desire to the Monstrous Double." *Violence and the Sacred.* Baltimore: Johns Hopkins UP, 1977. 143-168.

Goic, Cedomil. "Gabriela Mistral y la poesía posmodernista."
Introducción. *Historia y crítica de la literatura hispanoamericana.* Vol 2. Barcelona: Crítica, 1991. 492-507.

---. ed. *Historia y crítica de la literatura hispanoamericana.* Vol. 3. Barcelona: Crítica, 1989.

Grimal, Pierre. *Diccionario de mitología griega y romana.* Barcelona: Paidós, 1984.

Gubar, Susan. "The Blank Page' and the Issues of Female Creativity." *Writing and Sexual Difference.* Chicago: Elizabeth Able, 1982. 73-93.

Gullón, Ricardo. *Direcciones del modernismo.* Madrid: Gredos, 1971.

---. "El esoterismo modernista." *Historia y crítica de la literatura española.* Barcelona: Crítica, 1980. 69-75.

---. Introducción. *El modernismo; notas de un curso (1953).* De Juan Ramón Jiménez. México: Aguilar, 1962.

Hartsock, Nancy. "Foucault sobre el poder: ¿Una teoría para mujeres? *Feminismo/posmodernismo.* Trad. Márgara Averbach. Ed. Linda J. Nicholson. Buenos Aires: Feminaria, 1992. 30-52.

Hassan, Ihab. "Prelude: Lyre Without Strings." *The dimemberment of Orpheus. Toward a Postmodern Literature.* New York: OUP, 1971. 3-23.

Henríquez Ureña, Pedro. *Las corrientes literarias en la América Hispánica.* México, D.F.: FCE, 1969.

Herlinghaus, Hermann, y Walter, Monika. Eds. *Postmodernidad en la periferia: Enfoques latinoamericanos de la nueva teoría cultural.* Berlín: Langer Verlag, 1994.

Hutcheon, Linda. *A Poetics of Postmodernism.* New York and London:

Routledge, 1988.

Jacobus, Mary. *Reading Woman. Essays in Feminist Criticism.* New York: Columbia UP, 1986.

Jehenson, Myriam Yvonne. "Four Women in Search of Freedom." *Revista/Review Interamericana.* 12.1 (1982): 87-99.

Jrade, Cathy L. *Modernismo, Modernity, and the Development of Spanish American Literature.* Austin: Universtiy of Texas P., 1998.

Kirkpatrick, Gwen. "Delmira Agustini y el 'reino interior' de Rodó y Darío." *Delmira Agustini. Nuevas penetraciones críticas.* Ed. Uruguay Cortazo. Montevideo: Vinten Ed., 1966. 75-91.

---. *The Dissonant Legacy of Modernismo: Lugones, Herrera y Reissig, and the Voices of Modern Spanish American Poetry.* Los Angeles: UCP, 1989.

---. "The Limits of Modernismo: Delmira Agustini and Julio Herrera y Reissig." *Spanish American Literature. A Collection of Essays.* Vol. 3. David W. Foster Ed. New York: Garland P, 1997. 389-97.

Litvak, Lily. *Erotismo fin de siglo.* Barcelona: Antoni Bosch, 1979.

López, Ignacio Javier. "El olvido del habla: reflexiones en torno a la metapoesía." *Ínsula* 505 (1989): 257-77.

Lucie-Smith, Edward. *Sexuality in Western Art.* New York: Thames and Hudson, 1992.

Lyotard, Jean-François. "¿Por qué desear?" *¿Por qué filosofar?* Trad. Godofredo González. Barcelona: Paidós, 1989. 79-99.

---. "Qué fue de la Postmodernidad." Trad. Enrique Lynch. *Quimera* 59 (1986): 13-21.

Machado de Benvenuto, Ofelia. *Delmira Agustini*. Montevideo: Ceibo, 1944.

Martí, José. "A Mercedes Matamoros." *Obras completas*. Vol. 17. La Habana: Ed. Nacional de Cuba, 1966. 186.

Molloy, Sylvia. "Dos lecturas del cisne: Rubén Darío y Delmira Agustini." *La sartén por el mango*. República Dominicana: Huracán, 1985. 57-69.

---. "Introduction. Female Textual Identities: The Strategies of Self-Figuration." *Women Writing in Latin America. An Anthology*. Boulder: Westview Press, 1991. 105-124.

Montero Bustamante, Raúl. Prólogo. *Obras poéticas*. De Delmira Agustini. Montevideo: Edición Oficial, 1940. ix-xix.

Montes Brunet, Hugo. "Introducción biográfica y crítica." *Antología poética*. De Gabriela Mistral,. Madrid: Clásicos Castalia, 1997. 7-24.

Nead, Lynda. *Myths of Sexuality. Representations of Women in Victorian Britain*. New York: Basil Blackwell Inc., 1988.

Onís, Federico de. "Introducción." *Antología de la poesía española e hispanoamericana*. Nueva York: Las Américas, 1961. xiii-xxiv.

Ortega y Gasset, José. "Meditación del marco." *El espectador (Antología)*. Madrid: Alianza, 1984. 54-59.

Osorio, Nelson. "Para una caracterización histórica del modernismo crepuscular." *Heterogeneidades del Modernismo a la Vanguardia en América Latina*. Ed. Javier Lasarte Valcárcel. *Revista Estudios* 4.7 (1996): 7-19.

Ostriker, Alicia. *Stealing the Language. The Emergence of Women's Poetry in America*. Boston: Beacon Press, 1986.

Paglia, Camille. *Sexual Personae. Art and Decadence from Nefertiti to Emily Dickinson*. London & New Haven: Yale UP, 1990.

Paz, Octavio. "El caracol y la sirena." *Cuadrivio*. México DF: Joaquín Mortiz, 1965. 9-65.

---. *El laberinto de la soledad*. México DF: Fondo de Cultura Económica, 1991.

---. "El más allá erótico." *Los signos en rotación y otros ensayos*. Madrid: Alianza, 1983. 183-89.

Plato. "Symposium (The Banquet)." *Great Dialogues of Plato*. New York: Penguin, 1984. 69-117.

Renfrew, Nydia Ileana. *La imaginación en la obra de Delmira Agustini*. Montevideo: Letras Femeninas, 1987.

Rivero, Eliana. "Hacia una definición de la lírica femenina en Hispanoamérica." *Revista/Review Interamericana* 12.1 (1982): 11-26.

Rodríguez Monegal, Emir. *Sexo y poesía en el 900 uruguayo. Los extraños destinos de Roberto y Delmira*. Montevideo: Alfa, 1969.

Rodríguez Valdés, Gladys. "Presentación" *Invitación a Gabriela Mistral (1889-1989)* México D.F.: FCE, 1990. 7-94.

Rojas, Margarita; Flora Ovares y Sonia Mora. "Delmira Agustini: la eclosión de los sentidos." *Las poetas del buen amor. La escritura transgresora de Sor Juana, Agustini, Ibarbourou y Storni*. Caracas: Monte Avila, 1990. 107-34.

Rosenbaum, Sidonia Carmen. *Modern Women Poets of Spanish America*. New York: Hispanic Institute, 1946.

Salinas, Pedro. *La poesía de Rubén Darío*. Buenos Aires: Losada, 1948.

Showalter, Elaine. "The Female Tradition." *A Literature of Their Own.* Princeton: 1977. 3-36.

---. "The Rise of Gender." *Speaking of Gender.* New York: 1989. 1-13.

---. *Sexual Anarchy. Gender and Culture at the Fin de Siècle.* New York: Viking, 1990.

---. "Toward a Feminist Poetics." *The New Feminist Criticism.* Nueva York: Pantheon, 1985. 125-43.

Schulman, Ivan A. "Modernismo/Modernidad: Metamorfosis de un concepto," *Nuevos asedios al modernismo.* Madrid: Taurus, 1987. 11-50.

---. Ed. *Nuevos asedios al modernismo.* Madrid: Taurus, 1987.

Silva, Clara. *Genio y figura de Delmira Agustini.* Buenos Aires: Editorial Universitaria, 1968.

Sontag, Susan. "The Aesthetics of Silence." *Styles of Radical Will.* New York: Anchor Books, 1991. 3-34.

---. "Against Interpretation." *Against Interpretation.* New York: Anchor Books, 1990. 3-14.

Stephens, Doris T. *Delmira Agustini and the Quest for Transcendence.* Montevideo: Géminis, 1975.

Storni, Alfonsina. *Poesías Completas.* Buenos Aires: Galerna, 1990.

Sword, Helen. "Leda and the Modernists." *PMLA* 107 (1992): 305-318.

Tseëlon, Efrat. *The Masque of Femininity.* London: Sage, 1995.

Varás, Patricia. "Modernism or Modernismo? Delmira Agustini and the Gendering of Turn-of-the-Century Spanish-American Poetru." *Modernism, Gender and Culture. A Cultural Studies Approach.*

Ed. Lisa Rado. New York and London: Garland, 1997. 149-60.

Vickers, Nancy J. "Diana Described: Scattered Woman and Scattered Rhyme." *Critical Inquiry*. (Winter 1981): 265-79.

Yurkievich, Saúl. *Celebración del modernismo*. Barcelona: Tusquets, 1976.

Zavala, Iris. *Colonialism and Culture. Hispanic Modernisms and the Social Imaginary*. Bloomington: Indiana UP, 1992.

---. *La musa funambulesca. Poética de la carnavalización en Valle-Inclán*. Madrid: Orígenes, 1990.

---. *La posmodernidad y Mijail Bajtin. Una poética dialógica*. Madrid: Espasa-Calpe, 1991.

---. *Rubén Darío bajo el signo del cisne*. S. José: Universidad de Puerto Rico, 1989.

Zum Felde, Alberto. "La generación del Novecientos" *Proceso intelectual del Uruguay*. Montevideo: Claridad, 1941. 193-392.

---. Prólogo. *Poesías Completas*. De Delmira Agustini. Buenos Aires: Losada, 1944. 7-41.

ÍNDICE ONOMÁSTICO